AF237593

Philipp Sperl

# KEINE ANGST VOR DEM
# GESUNDWERDEN

Philipp Sperl

# KEINE ANGST VOR DEM GESUNDWERDEN

Bibliografische Information der Deutschen Nationalbibliothek:
Die Deutsche Nationalbibliothek verzeichnet diese
Publikation in der Deutschen Nationalbibliografie; detaillierte
bibliografische Daten sind im Internet über dnb.dnb.de
abrufbar.

© 2019 Philipp Sperl

Foto/Cover: Michael Wittig
Grafik/Cover: Georg Kudera/GK Design e.U.

Herstellung und Verlag:
BoD – Books on Demand, Norderstedt

ISBN: 9783752856620

**Dieses Buch widme ich den wichtigsten Menschen in der Zeit meiner Krankheit:**

Meiner unglaublich starken Frau Sabrina, meiner hinreißenden Tochter Lena-Sophie und meinem Freund, Leidensgenossen und Motivator Alfred. Ihr seid der Grund, warum ich heute noch am Leben bin.

# Einleitung

Dieses Buch soll dazu dienen, mir Geschehnisse, die ich durchlebt habe, erneut in Erinnerung zu rufen, sie zu verarbeiten und manches auch für mich neu zu interpretieren und zu verstehen. Ich hoffe natürlich, dass derjenige, der diese Zeilen gerade liest, sich verstanden fühlt, Hilfe oder Motivation findet oder zumindest einen Einblick in einen Lebensabschnitt erhält, der nicht dem geplanten optimalen Verlauf entsprach.

Ich habe keinerlei Tagebücher geschrieben. Leider. Alles was hier zu lesen ist, sind die Eindrücke, die mir im Hinterkopf geblieben sind und vermutlich auch immer dort sein werden. Momente, die ich aus Gesprächen mit meinem nahen Familien-, Freundes- und Bekanntenkreis wieder aufgefrischt habe. Vorfälle, die ich meiner Krankengeschichte entnommen habe. Ereignisse, die ich in sozialen Netzwerken festgehalten oder anderen Orts vermittelt habe.

Nicht jeder Augenblick kann im Nachhinein zeitlich genau eingeordnet werden, aber ich kann dem Leser versichern, mein Bestes gegeben zu haben, eine möglichst chronologische Reihenfolge einzuhalten, damit ein Gefühl für diese – meine – Geschichte vermittelt werden kann.

# PRE-CHEMO

## Sommer 2014

Mein Name ist Philipp, ich bin 24 Jahre jung, arbeite bei der Wiener Polizei und bin Hobbykraftsportler. Ich habe meiner Frau Sabrina dieses Jahr im April das Ja-Wort gegeben. Kurz vor unserer Hochzeit, zwei Tage davor – um genau zu sein –, haben wir erfahren, dass wir Eltern werden. Für uns beide ist es das erste Kind.

Wir sind in eine gemeinsame Wohnung gezogen, eine verhältnismäßig große Genossenschaftswohnung. Viele Zimmer, geräumiger Balkon. Ein Ort um eine Familie zu behausen und sich wohl zu fühlen. Für einen durchschnittlichen Menschen eigentlich schon fast luxuriös. Wir hatten immerhin drei Schlafzimmer. Ich kenne nur wenige Leute in meinem Alter, die sich ein Gästezimmer leisten konnten und wollten. Wir hatten eines. Auch wenn es nach und nach zu einem Abstellraum wurde.

Ich hatte ein familientaugliches Auto und auch ein Motorrad. Beides war in unserer Wohnhausanlage, in der Garage, untergebracht. Man *„leistet sich ja sonst nichts"* und schließlich sollte auch der Fuhrpark gut dastehen. Man konnte sagen, das Leben meinte es gut mit uns.

Weniger aus gesundheitlichen, aber mehr aus ästhetischen Gründen habe ich mich in diesem Sommer entschlossen, eine Diät zu machen. Ich fühlte mich unwohl. Ich bin ein groß gewachsener Mann, knapp zwei Meter groß und wog zum damaligen Zeitpunkt etwa 115 Kilogramm. Mein Ziel war es unter 100 Kilo Körpergewicht zu kommen. Die Schwangerschaft hat nicht nur bei meiner Frau, sondern auch bei mir den Bauch wachsen lassen. Also war meine Diät nachvollziehbar, denn in meinem Bauch wuchs schließlich kein neues Leben heran.

Ich plante meine Diät mit wenig Kohlenhydraten, wenig Fett, einem angemessenen Kaloriendefizit und zusätzlich zweimal die Woche Kraftsport. Ein Ganzkörpertraining. So sah mein Konzept aus und ich war von größter Motivation geleitet, es auch genau so umzusetzen. Die Unterstützung meiner Frau war mir dafür gewiss. Es konnte also nur funktionieren. Es ist wichtig, dass ich diese Diät erwähne und in diesen Bereich etwas abschweife, auch wenn das Kernthema ein anderes ist. Es trägt definitiv zu einem besseren Verständnis des Laufes der Geschichte bei.

Meine Diät lief gut. Ich wurde bewundert für meine Disziplin. Ich war stolz und zufrieden, denn das Körpergewicht sank, der Bauchumfang nahm ab und mein Wohlfühlvermögen stieg an. So konnte es weitergehen. Und so ging es tatsächlich auch weiter. Nach einigen Wochen lag mein Körpergewicht unter 100 Kilogramm. Das Ziel war erreicht, könnte man jetzt sagen. So wirklich zufrieden war ich dann aber doch nicht. Meine Form war noch nicht ideal. Ich feilte also an meiner Diät und meinem Training. Interessanterweise hatte ich bereits einen für mich unerklärlichen Punkt erreicht, an dem ich essen konnte, so viel ich wollte und weiter abnahm. Ich machte weniger Sport, da ich durch das Kaloriendefizit relativ müde war, aber dennoch: ich nahm ab. Die Fortschritte waren nicht rasant, aber das Gewicht sank und sank. Ich hatte dabei keine Hintergedanken. Ich bin jung, kräftig, mache Sport und hatte nie gröbere gesundheitliche Beschwerden. Wer hätte da Hintergedanken? Ich jedenfalls nicht.

Es ist Mitte August. Ich bin arbeiten. Meinen Dienst verrichte ich in einem Wachzimmer im 20. Wiener Gemeindebezirk. Die Kollegen sagen mir mittlerweile, ich würde krank aussehen. Ich schiebe es auf die Gewichtsabnahme und die Tatsache, dass ich mit 20 Kilo weniger schlicht ungewohnt aussehe. Natürlich, ich war ja beinahe ein anderer Mensch. Ich hatte meine Körpermasse schließlich um ein Fünftel reduziert. Da sieht man gleich mal anders aus.

Während eines Dienstes kommt es zu einem Einsatz mit Widerstand, sprich Gewalt gegenüber den einschreitenden Polizisten. In diesem Fall war ich einer der betroffenen Polizisten. Es würde zu lange dauern, detailliert über diesen Einsatz zu schreiben, aber ich bin überzeugt, meine Funkwagenpartnerin und ich haben an diesem Tag ein Leben gerettet.

Ein Mann ging mit einem Schraubenzieher auf mich und meine Kollegin, anstelle seines ursprünglichen Opfers, los. Er war jünger, größer und kräftiger als ich. Wir hatten zunächst keinerlei Verstärkung. Es war ein Tag mit vielen Einsätzen und wir waren kurzzeitig auf uns allein gestellt. Das ist Schicksal. Das Ergebnis des Einsatzes war, dass meine Partnerin und ich mit Prellungen zur Kontrolle ins Krankenhaus mussten. Bei mir wurden starke Rippen- und Schädelprellungen festgestellt. Das ist wichtig für den weiteren Verlauf der Geschichte. Jedenfalls – keine Sorge: Der Täter wurde von uns festgenommen und wurde seiner Strafe zugeführt.

Nach diesem Vorfall war ich vier Wochen mit Schmerzen im Krankenstand, bevor ich wieder meinen Dienst antreten konnte. Der Einstieg verlief problemlos, ohne jegliche Furcht oder Sorge, ohne Einschränkungen und ohne weitere körperliche Beschwerden. Die Stimmen in meinem Umfeld wurden aber lauter. Ich wirkte schwächer und sah nach wie vor krank aus. „Wie bitte? Ich bin ein Halbgott!" Zumindest, wenn es nach meiner eigenen Wahrnehmung ging. Ein Herkules sozusagen. Ich bin meinem Schönheitsideal jeden Tag eine Spur näher und soll krank oder schwach sein? Nein! Ich sicher nicht!

Ich machte Überstunde um Überstunde und halste mir jeden Stress auf, den man sich aufhalsen konnte. Ich wollte mehr Geld verdienen und musste dafür klarerweise auch mehr arbeiten. Zusätzlich wollte ich mich so gut es ging, um meine schwangere Frau kümmern. Sie hatte ja nicht mehr viel Zeit, bis sie unser gemeinsames Kind zur Welt bringen sollte. Eine Tochter. Die Vorfreude auf den Familienzuwachs und das Leben zu dritt war enorm.

In dem ganzen Stress, den ich mir selbst bereitete, bemerke ich dann aber doch, dass es an einigen Stellen zu zwicken begann. Wobei „Zwicken" der falsche Ausdruck dafür ist. Ich hatte krampfartige Schmerzen im Rippenbereich. Vorwiegend an der rechten Seite, hin und wieder auch an beiden Seiten. Müsste ich die Schmerzen genauer beschreiben, würde ich sagen, es fühlte sich ein wenig wie ein Korsett an, das jemand immer enger und enger zieht. Unangenehm in jedem Fall. Die Schmerzen waren manchmal derart stark, dass ich sogar vom Dienst abtreten musste. Ich konnte mich kaum konzentrieren und war klarerweise auch körperlich dadurch eingeschränkt.

Meine Grundeinstellung bei solchen Sachen war:

*„Das kam von selbst. Das wird von selbst wieder gehen!"*

In diesem Fall war es irgendwie anders. Ich versuchte zwar, es mir selbst als mögliche Nachbeschwerden meiner zuletzt erlittenen Prellungen einzureden, so wirklich überzeugt war ich davon jedoch nicht.

# Herbst 2014

Die Schmerzen ließen nicht nach und schlussendlich ging ich dann doch zu meinem damaligen Hausarzt. Er meinte, es würde wohl eine Grippe sein, die ich da ausbrüte. Gliederschmerzen wären da ganz normale Symptome. Ich hatte keinen Schnupfen, keinen Husten. Aber Gliederschmerzen?

*„Nun gut", dachte ich mir. „Dann sehen wir uns mal an, wie sich das weiter entwickelt."*

*„Spoiler Alarm"* Es wurde natürlich keine Grippe daraus. Mein Vertrauen in den Hausarzt sank von Tag zu Tag mehr. Die Grippe ließ auf sich warten und die Schmerzen wurden weder seltener noch schwächer. Ich beschloss, auf Nachdruck meiner Familie, allen voran meine schwangere Frau, zu einer anderen Allgemeinmedizinerin zu gehen. Die von mir ausgewählte Ärztin kannte mich bereits von Kindesbeinen an. Von oben bis unten. Sie hatte seit jeher keine Mühe gescheut und nahm sich für jeden Patienten die notwendige Zeit. Die Wartezeiten waren dementsprechend länger, aber das nahm ich in Kauf, damit diese verfluchten Schmerzen endlich aufhörten.

Die Zeit verging wie im Flug und wir hatten mittlerweile November. Ohne Termin oder Vorankündigung begebe ich mich zur erwähnten Ärztin. Nach geraumer Zeit im Wartezimmer werde ich aufgerufen und in den Untersuchungsraum gebeten. Freundliche Begrüßung, ein oberflächliches Gespräch über die Familie und das alltägliche Leben – als wäre ich jede Woche hier. Man fühlt sich wohl. Zurück zum Thema: Meine Rippenschmerzen. Gut. Wir machen ein Blutbild und dann schauen wir weiter. Es könnte eine Lungenentzündung sein oder vielleicht die Nieren. Ein Steinchen oder eine Kolik. Vorab jedoch muss ein Blutbild her, sonst ist das ein bloßes Rätselraten.

Ich kümmerte mich darum, begab mich in ein Labor und ließ mir Blut abnehmen. Sowie der Befund abholbereit war, stand ich wieder bei meiner Ärztin auf der Matte. Freundliche Begrüßung. Floskeln. Es wurde ernst. Einer der Werte ist erschreckend hoch. C-Reaktives Protein, der Entzündungswert. Sogar zu hoch, um eine Lungenentzündung zu diagnostizieren. Es würde quasi nicht im Verhältnis stehen, meint meine Ärztin. Wir bleiben bei der Idee mit der Niere. Die befindet sich ungefähr dort in der Gegend, wo ich die Schmerzen habe. Das klingt nach einem wahrscheinlichen *„Kandidaten"*. Kurz darauf erhalte ich eine Überweisung in ein Röntgenzentrum, zwecks Ultraschalluntersuchung der Nieren, wie auch zu einem Urologen.

# Winter 2014

Der Termin der Ultraschall-Untersuchung stand an. Ich begab mich in das Röntgenzentrum meines Vertrauens, um die Nieren genauer betrachten zu lassen. Ich mache meinen Oberkörper frei und positioniere mich auf einer Liege. Neben mir sitzt ein kompetent wirkender Arzt auf seinem Hocker. Ein kühles Gel wird im Bereich der Rippen aufgetragen und der Arzt beginnt mit der Untersuchung. Er ist einfühlsam und penibel genau. Beide Nieren werden untersucht. Die Nebennieren. Alles wird durch den Arzt kommentiert und möglichst anschaulich erklärt. Ich muss zugeben, ich finde mich am Bildschirm nicht zurecht und weiß nicht, welche Organe da zu sehen sind, geschweige denn, ob sie gesund wären. Der Arzt jedenfalls kennt sich aus. Da ist nichts. Kein Steinchen. Nichts, was als Ursache meiner Schmerzen in Frage kommen würde. Dieses vorläufige Ergebnis seiner Untersuchung stellt den Arzt überhaupt nicht zufrieden und so wird der gesamte Bauchbereich durchgesehen.

*„Aha, hm. Da könnte etwas sein. Die Milz ist stark vergrößert, etwa eineinhalbmal so groß, wie sie sein sollte. Die Lymphknoten sehen ebenfalls vergrößert aus. Da ist ein ganzes Paket vergrößerter Lymphknoten. Das könnte tatsächlich die Ursache sein. Ihr Befund wird geschrieben. Verdacht auf Lymphom. Danke, Sie dürfen weiter..."* Einige

Tage später suchte ich wieder meine Ärztin auf, mit meinem Befund in der Hand. Der übliche Ablauf – aber diesmal wurde es bald ernst. Ich nahm bei meiner Ärztin einen Gesichtsausdruck wahr, wie ich ihn noch nie zuvor gesehen hatte. Starr, besorgt, etwas hilflos, auch wenn sie bei Gott nicht hilflos ist. Dieses Wort: *„Lymphom".* Das machte die Situation so unangenehm. Das muss genauer begutachtet werden. Man müsse sich einen besseren Überblick verschaffen. Ich bekam eine Überweisung zu einer Computertomografie.

Den Termin für die Computertomografie hatte ich vereinbart, er rückte aber in den Hintergrund. Ich hatte im Moment andere Prioritäten. Ein überwältigendes Ereignis stand bevor. Aufgrund gewisser Vorkommnisse in der Schwangerschaft war der Geburtstermin meiner Tochter auf den Tag genau geplant. Die Kleine sollte per Kaiserschnitt zur Welt kommen. Meine Gedanken waren voll und ganz auf den Nachwuchs und nicht auf meine Gesundheit gerichtet. Ich hatte mir Urlaub genommen und wir konnten im Krankenhaus für uns ein Familienzimmer in Anspruch nehmen. Ich wollte schließlich für meine Frau da sein. Einen Tag vor dem Geburtstermin begaben wir uns ins Krankenhaus. Die nächsten Tage verbrachten wir also zu zweit – später dann zu dritt – in diesem Krankenzimmer. Wir machten es uns so gemütlich wie möglich und genossen jeden Augenblick. Die Nervosität vor der Geburt war groß, aber sie verlief gänzlich problemlos und bald schon hatten wir unsere gesunde Tochter bei uns. In diesen wenigen Tagen im Krankenhaus hatte nichts anderes für uns eine Bedeutung als unser neu gewonnenes kleines Familienglück. Wir achteten darauf, dass meine Frau zur Ruhe kam und dass meine Tochter genug zu sich nahm, damit der Heimkehr nichts im Wege stand. In dieser Zeit waren alle anderen Sorgen wie weggeblasen. Die Realität, meine Gesundheit, würde früh genug wieder Teil unseres Alltags sein. Wenigstens hatten wir jetzt eine zusätzliche moralische Unterstützung.

Den Termin für die Computertomografie hatte ich verhältnismäßig kurzfristig festlegen können. Immerhin wurde ich aufgrund der Umstände etwas bevorzugt. Ich begab mich rund zwei Wochen nach dem letzten Termin erneut in das Röntgenzentrum, das sich praktischerweise in der Nähe meiner Ärztin befand. Bereit für die CT. Ich mache den Oberkörper frei. Man sucht eine Vene an meinem Arm, die Nadel wird gesetzt und es wird über die Vene ein Kontrastmittel in den Körper gebracht. Ich mache die erste CT-Untersuchung meines Lebens. Wieder eine Erfahrung mehr. Der Vorgang dauert nicht lange und die CT ist beendet. Am nächsten Tag durfte ich mir meinen Befund abholen. Ich zitiere: *„Lymphknotenpakete im Bauchraum. Verdacht auf Lymphom."* Da war es wieder. Dieses Wort. *„Lymphom"*. Sogleich mit meiner Ärztin telefoniert – die ständigen Besuche waren ja kaum zu ertragen. Die Ärztin meinte, ich solle mir eine Überweisung fürs Krankenhaus holen. Es war Freitagnachmittag. Heute könnten wir so oder so nicht mehr viel ausrichten. Aber am Montag, da müsste ich ins Krankenhaus. Unbedingt. Auf der Überweisung stand die Abteilung vermerkt: Onkologie und Hämatologie. Das erste klingt nach Krebs, das zweite habe ich in meinem Leben noch nie gehört. Mir war etwas unbehaglich.

Ich habe, bevor ich mich ins Krankenhaus begeben werde, noch das Wochenende vor mir. Meine Familie und meine Kollegen wissen über den nächsten Schritt Bescheid. Viel mehr als die Rippenschmerzen bedrängt mich nun mein Kopf. Ich beginne, über diese Begriffe nachzudenken. Lymphom. Onkologie und Hämatologie. Ich versuche jetzt schon, eins und eins zusammenzuzählen. Ein Puzzle! Was ich da Alles im Internet gesucht habe, nur um etwas mehr Klarheit zu bekommen. Meiner Frau ging es ähnlich. Sie versuchte ebenfalls, so viele Informationen wie möglich zu finden. Wir quälten uns durch die Suchmaschinen im Netz. Aber wozu eigentlich? Man muss doch erst einmal herausfinden, was genau vorliegt und dazu gehe ich doch ins Krankenhaus! Dafür gibt es schließlich Ärzte! Es bringt doch gar nichts, ohne einen klaren Befund diese Gedanken zu wälzen. Hier füge ich ein, dass ich auch während meines Dienstes über diese Thematik gesprochen habe. Ich stellte das Stichwort „Krebs" in den Raum. Wir machten uns darüber lustig. Einer meiner Kollegen bemerkte trocken: *„Als hättest DU Krebs!"* Ich glaube, ich werde dieses Gespräch nie vergessen.

Es ist Montag. Wir haben Mitte Dezember und das Wochenende war vergangen. Dieses Wochenende hatte sich wie eine Ewigkeit angefühlt. Als wäre die Zeit kaum vergangen. Ich bin im Krankenhaus angekommen, stehe beim Schalter und mache mir einen Termin aus. Erstgespräch und Blutabnahme stehen an. Ich komme zu einer freundlichen Ärztin. Sie sieht mich an. Spricht mit mir über meinen derzeitigen Zustand. Wir gehen einige Dinge durch, Symptome, die ausschlaggebend sind.

*„Gewichtsabnahme?"*

*„Ja natürlich, ich mache eine Diät."*

*„Fieber?"*

*„Keines."* – Zumindest konnte ich mich nicht daran erinnern. Tatsache war, ich hatte durchaus Nächte, in denen ich mit erhöhter Temperatur gekämpft hatte.

*„Nachtschweiß?"*

*„Ja, ich bin aber an sich ein hitziger Typ. Es ist normal, dass mir heiß ist."*

*„Juckreiz?"*

*„Wäre mir nicht aufgefallen. Aber möglich. Auf so etwas achte ich eigentlich nicht."*

Wir gehen die nächsten Punkte durch. Wichtig wäre jetzt eine Biopsie, um genau zu bestimmen, worum es sich handle und eine PET-Computertomografie.

Wir müssten uns einen weiteren Überblick verschaffen. Der Zusatz „*PET*" bedeutet nichts anderes, als dass eine schwach strahlende Substanz, ein so genannter „*Tracer*", in die Armvene verabreicht wird. Dabei handelt es sich um radioaktiv markierte Glukose, sprich: ein verstrahlter Traubenzucker, der Stoffwechselvorgänge im Körper sichtbar machen kann. Also gut, mir soll es recht sein. Ich habe mir so oder so den gesamten Dezember Urlaub genommen, um den ersten Monat mit meinem Kind zu genießen. Ich habe Zeit.

Bereits für Ende des Jahres ist der Biopsie-Termin angesetzt. Verhältnismäßig rasch, wie mich meine zuständige Ärztin hat wissen lassen. Zuviel Zeit wollte sie sich nicht lassen. Der Verdacht lautet auf Morbus Hodgkin. Hodgkin-Lymphom. Das Kind bekam also einen Namen. Es handelt sich hierbei um eine Krebserkrankung. Die Vermutungen nehmen langsam Gestalt an, aber sind noch nicht in Stein gemeißelt. Bei mir macht sich die Befürchtung breit, dass ich mich auf eine belastende Therapie einstellen müsse. Die Erwartungen meiner Familie gingen noch nicht geradewegs in diese Richtung. Ich versuchte sie zu schonen und nur das Notwendigste preiszugeben. Bloß keine unnötige Angst machen! Es könnte ja immer noch etwas anderes sein. Ich bin ein Optimist durch und durch.

Sicherheitshalber, mit der zukünftigen Diagnose bereits im Hinterkopf, wurde ich auf eine andere Abteilung geschickt. Gynäkologie. Eigenartig, als Mann dorthin geschickt zu werden, aber es hatte einen Grund. Ich musste Samenzellen abgeben. Diese wurden auf ihre Funktion und Gesundheit getestet und in weiterer Folge eingefroren. Sollte sich die vorzeitige Diagnose bestätigen und ich mich einer Chemotherapie unterziehen müssen, dann wäre es gut, vorgesorgt zu haben. Die Chemotherapie kann unter anderem zu Unfruchtbarkeit führen und die weitere Familienplanung, falls vorhanden, wäre dahin. Sicher ist sicher.

Ich spule einige Tage vor. Der Tag der Biopsie ist gekommen. 30. Dezember 2014. Ich wurde am Vormittag im Krankenhaus aufgenommen. Ich musste schließlich vier Stunden nüchtern sein. Die Zeit bis zur Biopsie vertrieb ich mir im Zimmer. Meine Kollegen wussten Bescheid und um mich zu überraschen, kam eine Funkwagenbesatzung kurz vorbei. Sie hatten im Wachzimmer Geld zusammengelegt und ein kleines Geschenk für meine Tochter gekauft. In einer kleinen Papier-Tragetasche lagen ein Stofftier, ein Gutschein für Baby-Artikel und ein Philharmoniker als frühzeitige kleine Goldanlage. Ich weiß ehrlich nicht, was mich mehr gefreut hat. Die Tatsache, dass mich meine Kollegen ablenken und für mich da sein wollten, oder dass sie sich auch über meine Tochter Gedanken gemacht und ein Präsent besorgt hatten. Der Besuch meiner Kollegen war leider denkbar kurz.

Zum einen waren sie im Dienst und standen auf Abruf bereit und zum anderen waren sie zur unpassenden Zeit gekommen, da die Vorbereitung für die Biopsie anstand. Wie lief die Biopsie dann ab? Mittels CT wird die Stelle eruiert, an der man am besten mit der Nadel hinein sticht und wo man in weiterer Folge einen der Lymphknoten punktieren kann. Dabei werden kleine Proben aus dem zu punktierenden Gewebe gestanzt. Geplant war die Biopsie am Rücken. Mit einer 13 Zentimeter langen Nadel wird durch die Rückseite des Körpers in den Bauchraum gestochen, um das dortigen Lymphknotenpaket zu punktieren. Warum durch den Rücken und nicht von vorne in den Bauch? Weil die Wahrscheinlichkeit geringer ist, dass eines der Organe, wie die Leber oder der Darm durch die Nadel verletzt werden. Das ganze erfolgt unter lokaler Betäubung, man spürt also nichts. Zumindest oberflächlich trifft das auch zu und Schmerzen hatte ich auch keine. Aber irgendwie war es doch unangenehm. Es machte sich im Inneren meines Körpers ein Druckgefühl bemerkbar. Schwer zu beschreiben, aber unangenehm in jedem Fall. Die Biopsie ist kurze Zeit später fertig. Alle meine Fragen, die mir währenddessen durch den Kopf gingen, wurden beantwortet. Jeder Schritt wurde mir mitgeteilt und verständlich erklärt. Ich fühlte mich gut betreut.

Nach der Biopsie wurde ich auf mein Krankenzimmer gebracht. Ich durfte mich jetzt vier Stunden nicht bewegen. Die stationäre Aufnahme für zwei Tage, sprich eine Nacht im *„All-inclusive"*-Krankenhaus, war somit unumgänglich. Der Besuch meiner Frau und meiner Tochter ließ mich den Aufenthalt leichter ertragen. Ich bin kein Typ, der sich gerne im Krankenhaus aufhält. Und alleine einzuschlafen fiel mir ebenfalls schwer. Am nächsten Tag durfte ich zum Glück wieder heim. Es gab keine Komplikationen und keine Nachblutungen. Die Biopsie verlief damit reibungslos und ich durfte pünktlich zu Silvester, am 31. Dezember, das Krankenhaus wieder verlassen.

Der Befund der Biopsie, eine so genannte Histologie, nimmt eine Woche in Anspruch. Ich hatte keine Ahnung, wie meine Diagnose tatsächlich lauten würde. Ich wusste nur, es würde mit Sicherheit nichts sein, das man gerne zu Ohren bekommt. Ich war zu diesem Zeitpunkt jedoch der Meinung, es wäre besser, direkt von meinem Urlaub in den Krankenstand zu gehen. Für die Arbeit verspürte ich absolut keinen Antrieb und auch nicht wirklich den dafür nötigen freien Kopf. Nicht angesichts dessen, was mir möglicherweise bevorstünde. Es wäre fahrlässig gewesen, in diesem Zustand meinen Dienst anzutreten. Also rief ich in meinem Wachzimmer an, meldete mich krank und verbrachte Silvester daheim statt im Nachtdienst. Statt zu feiern schlief ich neben Frau und Kind auf der Couch ein. Was für ein entspannter Jahreswechsel!

Wir haben Jänner. Seit mehreren Monaten habe ich diese unerklärlichen Schmerzen bei den Rippen. Ein Verdacht steht mittlerweile im Raum, jedoch ist noch nichts konkret. Die Biopsie wurde Tage zuvor durchgeführt und endlich war der Befund da. Ich sitze im Krankenhaus bei meiner netten Ärztin, die sich um meinen raschen Biopsie-Termin gekümmert hatte. Jetzt wird es interessant. Spannend. Lebensverändernd. Oder vielleicht auch nicht. In den entnommenen Proben war nämlich zu wenig Material für eine Diagnose enthalten. Gesucht wurde nach so genannten Sternberg-Reed-Zellen. Die machen meine mögliche Krankheit aus. Das bedeutet für mich, dass ich erneut zu einer Biopsie muss. Ich mache mir nunmehr einen neuen Termin aus. Buche wieder das *„All-inclusive"*-Zimmer für zwei Tage. Aber noch bevor der Termin für die Biopsie feststeht, wird das vorher erwähnte PET-CT durchgeführt.

In den Röntgenräumlichkeiten des Krankenhauses wurde ich zunächst vorbereitet. Ich bekam den radioaktiven *„Tracer"* und musste eine Stunde ruhig liegen. Der *„Tracer"* brauchte Zeit, um sich im Körper zu verteilen. Bewegung war deshalb kontraproduktiv, da Glukose bekannter Weise ein Energielieferant ist und schlichtweg dort hinwandert, wo etwas aktiv ist. Die Bilder des CT sprachen Bände. Was da zu sehen war, übte eine eigentümliche Faszination auf mich aus. Aktive Tumore wurden orange eingefärbt angezeigt. Lymphombefall im Bauchraum, Organmanifestation in der Milz und durch das Lymphom eine Thrombose in der Vene beim Brustbein.

Ich hatte nun etwas Zeit um, über das Ganze nachzudenken. Ich durfte, da ich Strahlung ausgesetzt wurde, nicht gleich nachhause fahren. Die Strahlung war zwar gering, aber Kindern könnte sie dennoch schaden.

Das PET-CT war ein Einstieg. Das Lymphom musste aber noch klassifiziert werden und dazu fehlte mir die Biopsie. Die wurde noch in der gleichen Woche vorgenommen. Zwei Tage später. Das einzige, das vorerst feststand, war, dass ich mich um meine Thrombose kümmern musste. Die ersten Medikamente waren nun Lovenox-Spritzen. Ein Mittel zur Hemmung der Blutgerinnung. Ein Blutverdünner – umgangssprachlich. Zunächst zwei Spritzen täglich. Eine morgens, eine abends. Ich hatte immer schon ein wenig Angst vor Spritzen und war deshalb in Unruhe versetzt. Eine besondere Zeit stand mir bevor. Aber das musste ich überwinden, schließlich war die Therapie mit den Blutverdünnern für zumindest zwei Monate vorgesehen.

Die Diagnosefindung nimmt ihren Lauf. Ich befinde mich wieder stationär im Krankenhaus. Die zweite Biopsie steht an. Diesmal besuchen mich meine Eltern. Eine Biopsie ist für sich genommen kein dramatisches Geschehen, aber den Grund, warum man sie macht und den Verdacht, welcher hierbei im Raum steht, muss man ernst nehmen. Meine Einstellung zu der Situation ist aber klar. Ich bin niemand, der aufgeben würde und ich nehme alles mit Humor.

Als Beispiel dient das folgende Gespräch mit meinen Eltern. Ich liege im Krankenhausbett. Meine Mutter sieht mich an und beginnt über meinen kommenden Geburtstag, der im nächsten Monat ansteht, zu reden.

*„Weißt du schon, was du dir zum Geburtstag wünschst?"*

Ich weiß noch nicht mal, wohin das Ganze hier führt, denke ich mir, gebe aber trotzdem eine Antwort. Der Inhalt ist durchaus ernst gemeint. Die Aussage ist vielleicht unpassend, aber ich schmunzle.

*„Ich möchte 25 werden."*

Ich denke mir im Stillen, ich will meinen nächsten Geburtstag einfach noch erleben.

Meiner Mama stehen die Tränen in den Augen. Mein Papa und ich lächeln sich an. Er weiß, wie es gemeint ist. Die Stimmung hält die ganze Zeit so an. Ich lächle, denke nicht zu viel über die Konsequenzen der möglichen Krankheit nach. Andere machen sich da wesentlich mehr Gedanken. Wie viel mehr, habe ich eigentlich erst später gemerkt.

Ich liege auf der Station und warte auf die Punktion. Wenn ich mich so umsehe, ist der Altersdurchschnitt 45 Jahre aufwärts. Nur vereinzelt gibt es Patienten, die in meinem Alter sind. Ich bekomme einige Gespräche mit. Man lauscht natürlich nicht aktiv, aber wegzuhören fällt schwer.

Vor allem das Gespräch eines Arztes mit meinem Bettnachbarn wird mir immer in Gedanken bleiben.

*„Wir haben zwei Möglichkeiten"*, sagt der Arzt und fährt fort: *„Entweder eine moderate Chemotherapie. Vielleicht auf fünf Jahre. Ihr Leben wird nicht extrem eingeschränkt, man kann es vielleicht sogar genießen. Therapie über die Tagesambulanz. Aber ich sag es Ihnen gleich, das wäre nur, um ihr Leben zu verlängern. Vollständig heilen kann man ihre Krankheit damit nicht."*

*„Was ist die zweite Möglichkeit?"*, fragt mein Bettnachbar.

*„Die stärkste Therapie, die wir anbieten können. Vermutlich auf ein bis drei Jahre. Das Risiko ist hoch, dass die Chemo Sie umbringt und nicht der Krebs. Wenn Sie das überleben, wäre eine Heilung möglich."*

*„Gut. Dann das Zweite."* Keine Sekunde gezögert. Ich kann es nachvollziehen, aber trotzdem lässt sich mein Bettnachbar die Erklärung dafür nicht nehmen.

*„Ich will nicht ewig mit einer Krankheit leben. Wir gehen ‚All In'. Ich will gesund werden. Wenn ich beim Versuch sterbe, dann ist es Schicksal. Aber das Sterben nur hinauszuzögern, darauf habe ich keine Lust."*

Später kam seine Familie. Seine Frau und zwei Töchter. Sie nahmen die Nachricht klarerweise schwer auf. Ich glaube sogar, sie wollten ihn überzeugen, es sich zu überlegen. Aber das war definitiv ein harter Kerl. Keine Kompromisse. Alles oder nichts.

Es geht weiter, ich werde für die Biopsie abgeholt. Es läuft wie beim letzten Mal ab. Nadel durch den Rücken in den Bauchraum. Die beste Möglichkeit nach wie vor. Warum sollte sich das in der kurzen Zeit auch ändern? Lokale Betäubung. Aus einem Lymphknoten im Bauchraum werden Proben ausgestanzt. Diesmal vier statt nur drei Proben. Man geht auf Nummer Sicher. Wir wollen wissen, was das für ein Ding in meinem Körper ist. Wir wollen wissen, wie wir weiter vorgehen sollen. Also diesmal sollte alles funktionieren. Und diesmal hat es auch funktioniert, denn einige Tage später habe ich meine Befundbesprechung. Ein Arbeitskollege hat mich begleitet. Er war, bevor er zur Polizei kam, als ausgebildete, männliche *„Krankenschwester"* tätig, noch dazu auf einer onkologischen Station. Er war meine seelische Stütze und mein Mann fürs Fachliche, falls ich mir irgendetwas aus dem Gespräch nicht merken sollte. Sozusagen besonders qualifiziert als Begleitperson. Das Gespräch fängt an. Es gibt noch nichts Schriftliches, denn der Befund wurde noch nicht unterschrieben. Am Telefon wurde meiner zuständigen Ärztin jedoch versichert, dass Sternberg-Reed-Zellen vorhanden seien.

Die Diagnose ist sicher. Sie lautet: Morbus-Hodgkin. Umgangssprachlich auch Lymphdrüsenkrebs.

Wir lassen das jetzt mal bewusst sacken. Anfang Dezember werde ich im Hoch der Gefühle zum ersten Mal Papa. Zwei Wochen später gibt es den Verdacht einer Krebserkrankung. Mitte Jänner wird der Verdacht bestätigt. *„Sch...!"* Ja, genau das habe ich mir gedacht.

*„Also doch Krebs – DAS muss ich meinem Kollegen unter die Nase reiben!"* Viele Gedanken schwirren mir im Kopf herum. Und: Ja, ich gehe humorvoll mit dem Thema um. Die Sorgen kommen kurz darauf. Meine Frau ist in Karenz, wir haben ein Kind, eine große Wohnung. Wenn ich im Krankenstand bin, könnte ich meinen Arbeitsplatz womöglich verlieren. Ich verliere meine Zulagen und verdiene zu wenig, um unser Leben in der bisherigen Weise aufrechterhalten zu können. Ich hatte an dem Tag noch viele Sorgen. Dass ich an der Krankheit sterben könnte, das kam mir dabei nicht in den Sinn. Selbstmordgedanken hatte ich ebenfalls keine. Aus dem Leben durch Suizid zu flüchten, nur weil ich Krebs habe? Auf keinen Fall! Ich will leben!

Mit meiner Familie. Da kann mich auch so eine Diagnose nicht erschüttern. Mich nicht.

Wie kann man eigentlich an Morbus Hodgkin erkranken? Ich weiß es nicht. Auch die Ärzte wissen es nicht. Es gibt keinen äußerlichen Faktor, der die Bildung dieses bösartigen Tumors begünstigt. Man weiß bei Lungenkrebs, dass Rauchen einen wesentlichen Teil zum Risiko der Erkrankung beiträgt. Bei Leberkrebs, weiß man, dass Alkohol nicht sonderlich förderlich ist, wenn man ihm entgehen will. Aber ein Lymphom? Es gibt keine Studien, die konkret auf eine Ursache hinweisen. Ich persönlich glaube, dass in meinem Fall Überbelastung ein Faktor sein könnte. Das Immunsystem wird geschwächt, man ist anfälliger. Was nicht bedeuten soll, dass jeder, der Stress hat, eine Form von Krebs bekommt. Auch muss ein entspanntes Leben nicht unbedingt als Krebsvorsorge gesehen werden, aber hilfreich wäre es bestimmt.

Das, was für mich nach dieser Diagnose auf jeden Fall am unangenehmsten war, musste ich gleich erledigen. Bring das deiner Familie bei! Sag deiner Frau, deinen Eltern, deiner Schwiegermutter, deiner Familie und deinen Freunden, dass du eine lebensgefährliche Krankheit hast. Versuch ihnen aber dabei glaubhaft zu vermitteln, dass du sie überstehen wirst. Jeder will getröstet werden. Jeder will hören, dass alles wieder gut wird.

Wer, bitte, will schon hören, dass du sterben könntest? Wer setzt sich schon gerne mit dem Tod auseinander?

Eigentlich niemand. Aber das wäre das Resultat, wenn man die Krankheit nicht behandelt. Krebs ist schlichtweg tödlich.

Die Gespräche über die Diagnose standen an. Die wichtigsten Personen habe ich angerufen. Klar, so etwas persönlich zu besprechen ist besser, aber die Menschen, die dich lieben, sitzen angespannt daheim. Sie wollen die Informationen jetzt. Genau jetzt. Am meisten nervös war vermutlich meine Frau. Ich glaube, sie konnte es erahnen oder spüren, was jetzt kommen würde. Sie merkte es nur anhand meiner Stimme. Wir hielten das Gespräch überraschend kurz. Sie fing zu weinen an. Sie hatte Angst, was völlig nachvollziehbar war, aber sie sagte mir: Wir schaffen das zusammen! Ich legte auf. Kurz darauf rief sie ihre Mama an, die sogleich zu ihr fuhr und sich um sie kümmerte. Glücklicherweise wohnte sie nicht weit entfernt. Später, als ich endlich daheim war, saßen wir zu dritt im Wohnzimmer. Meine Frau, meine Schwiegermutter und ich. Wir redeten etwas länger und ausgiebiger über die Diagnose und das, was uns noch bevorstehen würde. Ich weiß nicht ob es noch an diesem Tag war oder erst später, aber ich erinnere mich, dass meine Frau mich fragte, ob ich Angst hätte.

*„Wovor sollte ich denn Angst haben, Schatz? Soll ich Angst haben, gesund zu werden?"*

Diesen Satz habe ich wohl genau so überzeugend von mir gegeben, wie ich ihn gemeint habe. Ich war sicher, ich musste keine Angst haben. Es gab nur diesen einen Weg. Es gab nur dieses eine Ziel. Es gab nur ein Ende, mit dem ich mich zufrieden geben würde. Und dieses Ende hieß: gesund zu werden.

Am Heimweg hatte ich auch kurz mit meinen Eltern telefoniert. Es war schwer, jedem persönlich davon zu erzählen. Meine Mama war in der Arbeit, mein Papa daheim und ich befand mich auf dem Weg nach Hause. Ein Telefonat musste vorerst genügen. Sowohl Mama als auch Papa zeigten dieselbe Reaktion.

Weinen. Liebeserklärungen. Weinen. Versuchen, zu trösten oder Hoffnung zu geben.

*„Wir schaffen das schon. Du schaffst das."*

Ihre Versuche waren nicht ganz gelungen, denn es war einfach zu deutlich zu hören, wie viel Angst sie vor den kommenden Wochen hatten. Aber ich denke, dass ich sie trösten konnte. Ich konnte schließlich gut mit dem umgehen, was mir bevorstand. Ich hatte keine Zweifel, dass der Verlauf ein gutes Ende nehmen würde.

Zurück zur Diagnose. Morbus Hodgkin. Eine Erklärung zu dieser Krankheit, die mein Leben für immer verändert hat. Es handelt sich um eine bösartige Lymphdrüsenerkrankung. Sie wird in vier Stadien unterteilt. Ich befand mich im dritten Stadium. Befall oberhalb und unterhalb des Zwerchfells. Stadium vier wäre bereits mit Knochenbefall verbunden gewesen. Gerade noch rechtzeitig erkannt, möchte ich behaupten. Die Chancen auf Heilung stehen im fortgeschrittenen Stadium bei 70 Prozent, bei 80 Prozent, wenn man die Erkrankung früh erkennt. Immerhin gute Chancen bei Krebs! Ich ziehe mit Absicht keine Vergleiche mit anderen Krebsarten. Auf der einen Seite gibt es die Statistik und auf der anderen genügend Beispiele, die aus der Statistik fallen. Positive und negative. Wie wird die Behandlung ablaufen? Hochdosierte Chemotherapie in meinem Fall. Bei einzelnen befallenen Lymphknoten sind Bestrahlung und Operation ebenfalls möglich.

Gemeinsam mit meiner männlichen Krankenschwester habe ich mir einen Termin beim Kommandanten meines Bezirks geholt. Die Kollegen auf dem Wachzimmer wussten bereits Bescheid. Auch meine Wachzimmer-Kommandanten. Ich wollte es aber auch demjenigen persönlich sagen, der für den ganzen Bezirk zuständig war. Also hinauf zum Chef, begrüßt und hingesetzt. Eine merkwürdige Situation. Zum Glück hatte ich meinen Kollegen mit, der das Wort ergriff und die Situation besser schilderte, als ich es in meinem Zustand vermocht hätte. Nicht dass ich geistig derart schwer beeinträchtigt war, aber ich wusste einfach nicht, wie ich das Thema ansprechen und wie ich vermitteln sollte, dass ich mich für lange Zeit im Krankenstand befinden würde. Das Ergebnis des Gesprächs hat mich wesentlich beruhigt und gab mir eine gewisse Sicherheit.

*„Machen Sie sich keine Gedanken. Wir werden damit umgehen können, wenn ein Kollege länger im Krankenstand ist. Das wichtigste ist ihre Gesundheit. Über den Dienstplan machen sich Ihre Kommandanten Gedanken und die bekommen das bestimmt hin."*

So habe ich dieses Gespräch in Erinnerung. Zumindest wusste ich damit, ich werde vermutlich nicht gekündigt. Die erste Last, die mir vom Herzen fiel.

# CHEMOTHERAPIE

Gut, wir haben eine Diagnose. Wir wissen, was zu tun ist. Tun wir es. Und so geschah es. Eine Woche später begann ich mit der Chemotherapie. Ich hatte mein bis dahin absolut niedrigstes Gewicht von 93 Kilogramm erreicht. Mittlerweile weiß ich, dass dies nicht unbedingt nur auf die Diät zurückzuführen war.

Meine Chemotherapie war, so vermute ich, das stärkste Schema, das für mich zur Verfügung stand. Das Schema nannte sich *„BEACOPP eskaliert“*. Meine Frau fand den Namen sehr treffend. Sie teilte die Buchstaben in einen Satz auf: *„Be a Cop(p)“* – also übersetzt: *„Sei ein Polizist“*. Wirklich passend. Es diente als Eselsbrücke, um sich das Schema einzuprägen. Vergessen hätten wir den Namen wohl nicht, aber damit blieb das Ganze besser in Erinnerung. Der Zusatz *„eskaliert“* hatte ebenfalls eine Wirkung auf mich. Es klang schon fast nach *„radikal“*. Nicht nach einem Kindergeburtstag oder einem Ereignis, auf das man sich freuen könnte. Ein Zyklus dauerte drei Wochen. Zwei davon mit Tabletten und Infusionen, eine Woche Pause zur Erholung. Geplant waren sechs Zyklen. Also insgesamt 18 Wochen. 126 Tage. Dazwischen regelmäßige, fast tägliche Untersuchungen, um den Fortschritt zu verfolgen. Ich war so naiv zu glauben, dass, weil ich groß und kräftig bin, mich so eine Chemotherapie nicht umwerfen würde. Die Erfahrungen, die ich mit Krebs bisher hatte, waren unbedeutend. Mein Onkel ist an Lungenkrebs gestorben. Er hat drei Jahre gekämpft. Ich habe seinen schwachen Körper gesehen. Ich weiß, wie er gelaunt war. Aber alle Reaktionen und Nebenwirkungen habe ich klarerweise nicht mitbekommen. Ich wusste, mir kann schlecht werden. Ich wusste von Haarausfall. Ich wusste von Unfruchtbarkeit, aber da hatte ich ja Vorsorge getroffen. Jetzt war die Frage: Wie wird es bei mir tatsächlich laufen?

# Erster Zyklus – Hochdosierte Chemotherapie

Mein „*krankenschwesterlicher*" Arbeitskollege begleitete mich. Ich fuhr mit meinem Auto ins Krankenhaus und wir trafen uns dort. Ja, ich fuhr selbst. Sämtlichen Familienmitgliedern hatte ich zwar gesagt, mein Kollege würde mich fahren, aber ich war von mir überzeugt.

Da war ich also. Tag Eins. Ich begab mich auf die Station, zur Tagesambulanz und meldete mich an. Zunächst gab es ein Gespräch auf der Station mit dem Dienst habenden Arzt, der in der Folge für mich zuständig war. Er war Mitte 50. Meine Krankheit war sein Fachgebiet. 30 Jahre Erfahrung hat dieser Mann. Wann immer ich über diesen Arzt sprach, nannte ich ihn den „*verrückten Professor*". Er hatte schließlich einen Professor-Titel und vom Aussehen her wirkte er auch etwas komisch. Nicht merkwürdig komisch, sondern unterhaltsam. Das lag hauptsächlich an seiner runden Brille, vermute ich. Er machte auch öfter einen zerstreuten oder verschlafenen Eindruck, aber immer auf eine sehr sympathische Art. Er war professionell und ich fühlte mich gut betreut. Das war das Wichtigste.

Er erklärte mir, was für den heutigen Tag geplant wäre. Zuerst eine Blutabnahme, dann meine Medikamente. Er händigte mir drei A4-Blätter aus, auf denen das auf mich abgestimmte Therapie-Schema aufgelistet war. Die nächsten drei Wochen meiner Medikamenteneinnahme waren genau strukturiert. Dann sprach er die bevorstehenden Nebenwirkungen an.

*„Das Wichtigste wissen Sie bereits?"*

*„Haarausfall, Übelkeit?"*, war meine Antwort.

*„Unfruchtbarkeit! Das ist alles, was Sie wissen müssen. Die kann Ihnen bleiben und soviel ich weiß, haben Sie da bereits vorgesorgt?"*

*„Ja, es wurde bereits etwas eingefroren."*

*„Gut. Mehr müssen wir nicht besprechen. Wenn Sie Beschwerden haben, sagen Sie es. Wir werden uns darum kümmern, sie zu behandeln. Wenn ich Ihnen aber sämtliche mögliche Nebenwirkungen aufzähle, dann kann es durchaus sein, dass Sie die Beschwerden nur deshalb bekommen, weil Sie davon wissen. Keine Sorge, egal was kommt, wir werden darauf reagieren können."*

Gut. Ich fühlte mich sicher. Und es ergab einen Sinn. Ich habe schon oft gehört, dass Beschwerden nur durch die eigene Psyche ausgelöst werden. Warum also nicht einfach unwissend bleiben?

Daraufhin begab ich mich zur Blutabnahme. Die Schwestern bei der Blutabnahme würden mich bald besser kennen lernen, schließlich war die Kontrolle der Blutwerte essenziell für den Verlauf. Zum einen kann man erkennen, ob der Entzündungswert sinkt und zum andern hat man die Leukozyten, die weißen Blutkörperchen, genau im Auge. So kann man wenigstens nachvollziehen, wann das Immunsystem geschwächt ist.

Nach der Blutabnahme begab ich mich wieder zur Tagesambulanz. Ich bekam zunächst vier Kapseln und dreieinhalb Tabletten als Teil meines Schemas. Diese musste ich jeden Tag zu mir nehmen. Die Kapseln eine Woche, die Tabletten zwei Wochenlang – und dann eine Woche Pause. Zusätzlich gab es einige Medikamente als Vorbeugung gegen Übelkeit, sowohl in Tablettenform als auch intravenös. Übelkeitsprävention wurde groß geschrieben. Wie wichtig sie noch werden würde, war mir absolut nicht bewusst.

Nach all der Vorbereitung waren schließlich die Infusionen der Chemotherapie an der Reihe. Drei Beutel wurden in der hauseigenen Apotheke für mich zubereitet. Während die Flüssigkeit drei Stunden lang in meinen Blutkreislauf injiziert wurde, sprach ich mit meinem Kollegen und lenkte mich dadurch vom Geschehen ab. Wir machten heitere Fotos voneinander. Ich fühlte mich gut. Nicht schläfrig. Kein Anzeichen von Übelkeit. Ich war überzeugt, die Chemotherapie kann mir nichts anhaben. Die Zeit verging im Flug und schon war ich fertig.

Erster Tag geschafft, ich darf heimfahren. Nachdem ich in der Tagesklinik behandelt wurde, –von den vorherigen Untersuchungen mittels Biopsie abgesehen –, konnte ich jeden Tag nach Hause fahren. Unbeschwert nahm ich Abschied von meinem Kollegen. Ich versicherte ihm, dass ich mich gut fühle und nahm den Weg zur Garage, in der ich mein Auto abgestellt hatte.

Während der Fahrt nach Hause gingen mir einige Gedanken durch den Kopf. Ich spielte das Szenario durch. Ich war überzeugt davon, dass wirklich alles gut gehen würde, dass alles funktionieren würde. Ich war tatsächlich frohen Mutes. Und ich fühlte mich schließlich bestens. Niemand und nichts kann mir etwas anhaben.

Ich komm nach Hause, gestehe, dass ich selbst gefahren bin. Meine Frau ist darüber verstimmt, aber zugleich auch glücklich, dass es mir so gut geht. Sie hat für mich eine Lasagne zubereitet. Gemeinsam mit meiner Schwiegermutter. Und sie haben sich die größte Mühe gegeben. Lasagne war immer schon eines meiner Lieblingsgerichte. Wir sitzen zusammen am Tisch, wünschen uns einen guten Appetit. Ich beginne mit dem Essen. Die erste Gabel. Der erste Biss.

*„Das schmeckt großartig. Danke!"*

Die zweite Gabel. Mehr war nicht nötig. Die vorhergesagte Übelkeit ließ tatsächlich nicht lange auf sich warten. Herr im Himmel, noch nie habe ich eine derartige Übelkeit verspürt. So ein unglaubliches

Unwohlsein. Noch niemals zuvor musste ich eine derartige Menge an Mageninhalt von mir geben, wie an diesem Tag. Das stille Örtchen wurde mein neuer bester Freund und die Beschwerden hielten noch einige Zeit an. Meine Schwiegermama war so hilfreich und begab sich in die Apotheke. Sie hatte die Absicht, mein Rezept für einen Übelkeitsstiller einzulösen. Als sie wieder zurückkam, hatte sie nichts in der Hand. Wegen eines anderen Medikamentes bedurfte das Rezept noch der Bewilligung durch meine Krankenkasse. Die Apotheke durfte das Medikament nicht ausgeben. Aus diesem Grund bekam ich meine Tabletten gegen die Übelkeit nicht. Ich hatte also keinen Ausweg, als weiterhin zu leiden und mir buchstäblich die Seele aus dem Leib zu speien. Mich also in unangenehmster Art und Weise zu übergeben. Wenn ich es derart drastisch ausdrücke, ist es peinlich, aber von einem vergleichbaren Übergeben nach einer Alkoholisierung konnte nicht mehr die Rede sein..

Meine Frau konnte dieses traurige Schauspiel nicht mehr ertragen.

*„Schatz, ich rufe jetzt den Opa an und fahre in eine andere Apotheke. Das kann's ja nicht sein...“*

Das tat sie dann auch. Ihr Großvater holte sie ab, sie fuhren in eine Nachtapotheke und – siehe da! – wenn man einen Einsatz hinterlegt, dann ist es doch möglich, das gewünschte Medikament – es trägt die Bezeichnung *„Zofran“* – zu bekommen. Wenn man dann später das bewilligte Rezept abgibt, bekommt man den Einsatz zurück. So einfach. So hat uns das Mittelchen zwar kurzfristig 60 Euro gekostet, aber – ich kann euch sagen – kaum war meine Frau wieder zuhause, stellte sich heraus, dass sich Aufwand und Mühe gelohnt hatten. *„Zofran"* auf die Zunge legen, es zergeht langsam und wie durch ein Wunder – anders kann ich es nicht in Worte fassen – war die Übelkeit, diese unglaubliche, unmenschliche Übelkeit, innerhalb von wenigen Minuten wie weggeblasen. Dieses Mittel war für mich ein Geschenk des Himmels und ich war überaus dankbar dafür. Langsam kam mein Körper wieder zur Ruhe. Ich versuchte noch etwas flüssige Nahrung zu mir zu nehmen. Ein wenig Energie für den Körper. Meine Frau hatte mir zu diesem Zwecke Grießkoch zubereitet. Das vertrug ich wesentlich besser und spät in der Nacht ging ich dann endlich zu Bett.

Für die Tage 2 und 3 war jeweils nur eine Stunde Infusion geplant. Kürzere Aufenthalte im Krankenhaus. Ich fuhr nicht mehr eigenhändig mit dem Auto dorthin. Ab diesem Zeitpunkt hatte ich für jeden Krankenhausbesuch meinen persönlichen Chauffeur. Mein Vater übernahm von nun an diese Aufgabe. In den meisten Fällen fuhr er mich ins Krankenhaus und blieb dann auch bei mir. Meine Frau musste sich schließlich zu Hause um unser Kind kümmern. Und es war wichtig, dass einer von uns beiden bei der Kleinen war. Um ehrlich zu sein, wollte ich auch nicht, dass sie mich dauerhaft leiden sieht. Mein Vater ist zwar nicht frei von Gefühlen, aber ich hatte den Eindruck, er ließ sich von ihnen nicht beherrschen. Außerdem weiß ich, dass er es gerne hatte, von mir gebraucht zur werden. Er ist immerhin mein Vater. Ich bin sein Sohn. Für seine Kinder ist man da.

An diesen beiden Tagen bekam ich die Übelkeitsvorsorge. Im Spital ging es mir weder auffällig schlecht noch übermäßig gut. Obwohl mir davon abgeraten worden war, kalte Getränke oder Milchprodukte zu mir zu nehmen, bat ich am zweiten Tag meinen Papa, mir aus dem „Coffeeshop" im Erdgeschoss einen „Oreo-Shake" zu holen. Ich kann es nicht erklären, aber ich hatte absolut keine Lust auf Tee. Der hätte vermutlich beruhigender auf meinen Magen eingewirkt, aber ich dachte mir, ich trinke lieber etwas, worauf ich Appetit habe. Möglicherweise würde ich es dann besser bei mir behalten. Doch es kam, wie es kommen musste. Die Vorsorge half hier nicht oder nur bedingt, denn kaum daheim angekommen, war mir übel und ich musste mich zurückziehen und leiden. Wenn ich mich nicht gerade übergeben musste, dann schlief ich. Ich schlief viel. Sehr tief und so ruhig, dass meine Frau mir später erzählte, dass sie immer wieder meine Atmung und meinen Puls kontrollierte. Sie hatte Angst, dass ich nicht mehr aufwachen würde. Sie dachte auch oft daran, mich zu wecken. Damit ich eine Kleinigkeit esse oder trinke. Meine Schwiegermutter meinte aber, sie solle mich schlafen lassen. Mein Körper brauchte die Ruhe. Meine Frau wäre aber nicht meine Frau, hätte sie mich nicht trotz dieser Überlegung geweckt. Um herauszufinden, ob es mir geistig gut ginge und um mir etwas zu trinken anzubieten.

Die Infusionen hatte ich hinter mich gebracht. Die nächste war erst für den achten Tag vorgesehen. In der Zwischenzeit nahm ich nur die Tabletten und Kapseln. Und die Hilfsmittel gegen die Übelkeit, mit denen ich schon gut zurechtkam. Über meinen Verbrauch an *„Zofran"* möchte ich aber keinen ausführlichen Bericht erstatten.

Das Fazit aus den ersten Tagen? Es waren die bis dahin schlimmsten drei Tage, die ich je erlebt hatte. Aber ich hatte sie hinter mich gebracht.

Der erste Zyklus war bald in großem und ganzen gut überstanden. Die Übelkeit hatte ich nach und nach in den Griff bekommen. Was sich jetzt in den Vordergrund schob, war die Müdigkeit. Ich glaube, ich habe in den zwei Wochen so viel geschlafen wie nie zuvor. Meine Schwiegermutter bot uns ihre tatkräftige Unterstützung an. Sie half im Haushalt, mit der Kleinen und nahm meiner Frau alles an Aufgaben ab, was ihr möglich war, damit meine Frau sich um die Kleine und um mich kümmern konnte. Eine 24-Stunden-Aufgabe, das kann ich sagen!

Gegen Ende der zwei Wochen, an den Tagen 12 bis 14, war eine Blutabnahme geplant. Blutuntersuchungen während der Therapie waren wichtig. Die Werte wurden die ganze Zeit über kontrolliert. Das Hauptaugenmerk war auf die Leukozyten, sprich: die weißen Blutkörperchen, gerichtet, da sie einen großen Teil des Immunsystems bilden und auf die Entzündungswerte, die der Indikator meiner Krankheit waren und mögliche Infektionen hätten anzeigen können. Durch die Therapie wurden nicht nur die bösartigen Krebszellen, sondern auch die wichtigen Leukozyten angegriffen. Der Normalwert liegt im Bereich von 5.000 pro Mikroliter Blut aufwärts. Während einer Chemotherapie kann es sein, dass der Wert gegen Null sinkt. Dann hat man keinen Schutz vor Krankheiten und Infektionen. Der menschliche Schutzschild wird nahezu gänzlich beseitigt. Daher kam während der Behandlungspausen der Regeneration so große Bedeutung zu und daher waren große Menschenansammlungen zu vermeiden. Eine Eselsbrücke beziehungsweise Leitsatz dazu lautete: „MMM", was so viel bedeutet wie: *„Menschenmassen meiden".* Bloß nichts riskieren! In einem derart anfälligen Zustand könnte es fatale Folgen haben, sich eine Infektionserkrankung einzufangen. Zusätzlich, um den Aufbau der Leukozyten zu steigern, gab es ein Medikament, eine Spritze aus der Apotheke, die deren Produktion anregt. Ich musste mir vor meiner wohlverdienten Therapie-Pause im Zyklus noch zwei Spritzen in den Bauch, unter die Haut, spritzen.

Mit der Zeit verschwindet die Scheu vor Spritzen zur Gänze, hatte ich den Eindruck. Als Kind hatte ich tatsächlich panische Angst und nun bin ich in einer Situation, in der ich nicht anders kann, als das Übel in Kauf zu nehmen. Das stand mir in jedem Zyklus bevor. Es war notwendig. Pobacken zusammenkneifen und durch! Was noch zu erwähnen wäre, sind die Schmerzen, die nun zwei Tage lang meine Begleiter waren. Ich wurde vorgewarnt. Die Produktion der Leukozyten erfolgt hauptsächlich im Bereich der Lendenwirbelsäule oder bei jüngeren Menschen auch im Brustbein. Die Produktion der Leukozyten in großem Ausmaß, wie sie hier stattfinden musste, ist deutlich zu spüren. Ein Druckschmerz, Wärmegefühl. Beschrieben wurde es mir wie ein Bandscheibenvorfall.

Ich hatte noch nie einen Bandscheibenvorfall, aber ich war überzeugt, dass ein solcher mehr als unangenehm sein müsse. Spritze Nummer 1 hatte ich hinter mir und spürte den restlichen Tag keine Schmerzen. Wie immer dachte ich mir, ich wäre unbesiegbar und mich erwarteten keine Schmerzen. Falsch gedacht! Nächster Tag, Tag 14 des Zyklus, Spritze Nummer 2. Es dauerte nicht lange und ich hatte tatsächlich ein warmes Gefühl im Brustbein und der Wirbelsäule. Es wurde immer stärker, wirklich heiß. Dazu kamen Druckschmerzen. Im Brustbein waren sie derart stark, dass sich, wenn ich im Bett lag, ein Gefühl einstellte, als würde jemand auf mir sitzen und meinen Brustkorb zusammendrücken. Ich fühlte mich eingeengt und bekam nur schwer Luft.

Natürlich war ich nicht eingeengt und meine Sauerstoffzufuhr war vermutlich auch uneingeschränkt möglich, aber der Kopf ist ein aktiver Mitspieler und verstärkt die Gefühlslage noch zusätzlich. Da lag ich also, Schmerzen in der Brust und mit Angst, keine Luft zu bekommen. Und dann kamen sie. Die Rückenschmerzen des Todes. Das Brustbein alleine war es nicht. Ich bekam derartige Schmerzen in der Lendenwirbelsäule, dass ich mich kaum bewegen konnte. Ich war wie gelähmt. Paralysiert. Jede Bewegung war mit unglaublichen Schmerzen verbunden, daher blieb ich fast regungslos liegen. Den ganzen restlichen Tag. Glücklicherweise ließen die Schmerzen im Lauf des Tages etwas nach, was mir das Einschlafen doch noch ermöglichte. Bis zum nächsten Tag hielten diese Knochenschmerzen an. Und am nächsten Tag, Tag 15 des Zyklus, stand wieder eine Blutuntersuchung an. Blutabnahme und Kontrolle, ob die Leukozyten gestiegen waren. Gespürt hatte ich die Produktion, die Frage ging also nur dahin, wie hoch ihre Anzahl war. Von Bedeutung war das schon in der Vorausschau für den nächsten Zyklus. Ohne Leukozyten oder mit einer zu geringen Zahl hätte ich den Beginn des Zyklus hinausschieben müssen. Aber zunächst kam mal eine Woche Pause. Keine Infusionen, keine Tabletten oder Kapseln. Nur Spritzen, gegen Thrombosen, doch diese waren mein geringstes Problem.

Ich genoss meine Pause. Die Tatsache, dass ich mich weniger müde fühlte. Ich konnte halbwegs essen, ohne mich gleich zu übergeben. Kurz gesagt, man konnte mit mir etwas anfangen. Es kam zu einer neuen Situation, mit der nicht nur ich, sondern auch meine Frau sich auseinandersetzen musste. Wir sind verheiratet, haben eheliche Pflichten. Wie ist das jetzt eigentlich? Muss man da auf etwas Acht geben? Wir hatten uns tatsächlich erkundigt. Verhütung ist wichtig, denn vor allem am Anfang der Therapie kann man durchaus noch zeugungsfähig sein. Ein in dieser Zeit gezeugtes Kind könnte durch die Therapie erheblich beeinträchtigt sein. Aber auch wenn die Vorsorge hier beispielsweise mit Hilfe einer Hormonspritze oder der so genannten *„Pille"* und nicht mit einem Kondom betrieben werden würde, könnten die Samenzellen dem Körper der Partnerin nicht schaden. Die Samenzellen sind zwar durch die Therapie verändert, aber nicht in einem solchen Ausmaß, dass sie zu Auslösern von Nebenwirkungen werden.

Gut zu wissen. Meine Frau konnte also keine Probleme bekommen. Trotzdem war unsere erste intime Zeit anders. Einige Minuten nach unserem Liebesspiel, wir lagen noch aneinander gekuschelt, da wurde ihr plötzlich übel. Eine emotionale Hemmung löste sich offensichtlich in genau diesem Moment, denn ihr wurde anscheinend bewusst, dass es mir jetzt gerade gut ging. Wir haben diese Situation erst wesentlich später so verstehen können, aber meine Frau musste an diesem Abend für einen Augenblick nicht für mich stark sein, sondern konnte ihre Schwäche und ihre Angst zulassen und zeigen. Es ist schwer zu verstehen, was alles verdrängt wird, nur um für den Anderen da sein zu können. Welche Gefühle und Gedanken da unterdrückt werden. Aber genau das kam in diesem Moment zum Vorschein. Ich hielt sie fest im Arm. Sprach ihr zu. War einfach für sie da. Alles wurde wieder besser.

## Zweiter Zyklus – Niedrigere Dosierung

Ich begann den zweiten Zyklus. Die Dosierung wurde auf 80 Prozent reduziert. Der Körper sollte nicht zu sehr unter der Therapie leiden und mit dem ersten Zyklus wurde schließlich ein erster, großer Angriff gestartet. Außerdem war im Blutbild deutlich erkennbar, dass der Entzündungswert sich ordentlich verringert hatte. Eine hundertprozentige Dosierung war nach Meinung meines Arztes daher nicht vonnöten. Wir mussten auf lange Sicht schauen und die Anpassung sollte mir zugute kommen.

Darüber hinaus wurden auch meine Blutverdünner auf die Hälfte reduziert. Der Körper wurde also mehr geschont. Die Einstiche auf meiner Haut am Bauch waren jedenfalls deutlich zu sehen.

Immer wieder kam es vor, dass ich mich etwas unbeholfen anstellte und dann hatte ich am nächsten Tag einen weiteren blauen Fleck.

Der Zyklus gestaltete sich bei weitem angenehmer, nicht nur wegen der angepassten Dosierung, sondern auch auf Grund anderer Umstände. Ich bediente mich an den Tagen, an denen ich im Spital war, am Frühstück auf der Station. Eine Semmel mit Marmelade, sofern es möglich war, oder wenn ich feste Nahrung nicht vertrug, dann eben einen *„Fruchtzwerg"* oder spezielle Protein-*„Shakes"*. So konnte ich meinem Körper etwas Energie geben. Zum Mittagessen griff ich in diesem Zyklus ebenfalls. Zur Auswahl standen immer zwei Menüs und meist sagte mir eines der Menüs auch tatsächlich zu.

Die Nebenwirkungen wurden wieder zum großen Thema. Das nächste, das ich am eigenen Körper erfahren musste, war der Haarausfall. Erst der zweite Zyklus – und schon werden die Haare weniger. Büschelweise fallen sie mir aus, sitzen ganz locker an ihrer Stelle und warten nur noch auf einen geringen Anstoß, der sie endgültig entfernt. Da hilft nur eines: Abrasieren. Es klingt für viele Menschen hart. Vor allem für weibliche Patienten stelle ich mir das schwieriger vor als für männliche. Für mich war es nicht hart. Ich nahm es hin. Ich konnte mich sogar darüber lustig machen. Irgendwie war es später sogar angenehm. Keine Körperbehaarung. Kein Rasieren. Daran konnte man sich fast gewöhnen. Meine Frau litt doch ein wenig mehr darunter.

Ich fand sogar Spaß daran, meine Haare regelrecht auszurupfen. Sie fielen schließlich einfach aus. Meine Frau war jedes Mal dem Weinen nahe. Aber daran gewöhnt man sich. Auch als Angehöriger. Der Anblick war halb so wild.

Schlimmer wurden aber die Gedanken, die sich mir aufdrängten. Die Angst, meine Familie wegen des Ausfalles an Zulagen nicht erhalten zu können, hatte ich ja bereits erwähnt. Um meinen Krankenstand zu bestätigen, musste ich zu einem polizeiinternen Arzt. Einen Amtsarzt. Mein Plan war jedoch, in den Zeiten, in denen ich Pause hatte, arbeiten zu gehen. Ich würde so die Zulagen weiter erhalten. Im ersten Zyklus war das absolut nicht möglich, nach dem zweiten fühlte ich mich aber etwas sicherer und leistungsfähiger. Mein Gewicht lag mittlerweile auch wieder bei 100 Kilo. Zum einen weil der Krebs, der den Gewichtsverlust ansপornte, zurückging und zum anderen, weil mein Körper, hervorgerufen durch einige Medikamente, Wasser einlagerte, vor allem unter der Haut. Ich hatte ein Mondgesicht – wie zum Herzeigen.

Gegen Ende des zweiten Zyklus fand ich mich bei meinem Amtsarzt ein. Ich erklärte ihm die Situation. Er war sichtlich geschockt von der Diagnose. Da sitzt ein 25-Jähriger und hat Krebs. Er hat zwei Zyklen Chemotherapie hinter sich und versucht, sich nichts anmerken zu lassen. Der Arzt nahm meine Befunde in Augenschein. Meine Blutwerte. Dann sah er mich an und wollte wissen, was meine Absicht sei. Nun, ich will arbeiten. Ich will außendienstfähig geschrieben werden und auf mein Wachzimmer. Ich will in dieser Chemo-Pause zwei 12-Stunden-Dienste machen und ich MUSS außendiensttauglich sein, sonst bekomme ich keine Zulagen. Ich habe eine Frau in Karenz und ein Kind. — Leider, in dieser Pause war nicht damit zu rechnen, dass ich meinen Dienst versehen konnte. Die Blutwerte passten nicht. Meine Leukozyten, die weißen Blutkörperchen, waren schlicht zu wenig. Eine Infektion konnte nicht riskiert werden. Gerade in diesem Beruf ist man viel mit Menschen zusammen.

Die Gefahr wäre zu groß. Ich wurde vertröstet und für Ende März wieder herbestellt. Wenn es um die Werte dann besser stünde, wäre es vielleicht möglich...

In der Pause des zweiten Zyklus feierte ich das Ereignis, das zu erleben ich mir im Jänner gewünscht hatte: meinen 25. Geburtstag. Ich war nun ein Vierteljahrhundert alt.

Meine Frau hatte mich überrascht und meine Familie, meine Schwiegermutter, ihre Großeltern und meinen besten Freund eingeladen. Wir gingen gemeinsam essen. Wir saßen in diesem schönen Restaurant zusammen und feierten mein Leben.

Das Thema Krankheit konnte an diesem Tag aber keiner der Anwesenden ausblenden. Man sah mir schließlich an, dass ich sowohl von der Krankheit als auch von der Chemotherapie gezeichnet war. Keine Haare, blass, müde. Wenn ich die Fotos von damals hervorhole, merke ich sofort wieder, wie es damals um mich stand. Zum Glück hatte ich an diesem Tag jedoch keine Probleme mit dem Appetit und konnte sowohl das Essen als auch die Torte ausgiebig genießen. Ich versäumte aber auch nicht, mich über die Nebenwirkungen der Chemotherapie lustig zu machen. Es gab immerhin eine neue Sache, die mich beschäftigte.

*„Wisst ihr, was komisch ist?"*, fragte ich in die Runde.

*„Ich bin gerade erst 25 geworden und habe schon Probleme, meine Harnabgabe unter Kontrolle zu halten."* Ich lachte darüber, aber außer mir fand es keiner in der Runde sonderlich lustig. Im Gegenteil, meine Frau schaute mich vorwurfsvoll an und wollte wissen, warum ich das gerade jetzt bereden musste.

*„Es gibt spezielle Tropfenfänger, die man sich über seinen Penis streift. Dann geht nichts in die Hose. Das wusste ich nicht."*

Ich wollte zum einen meine Entdeckung teilen, es lag ja nur eine verhältnismäßig leichte Inkontinenz vor und Windeln waren nicht vonnöten. Zum anderen hat mich dieser Umstand doch beschäftigt. Ich wollte ihn mit den Leuten, die mir wichtig sind, teilen. Ich hatte nur gehofft, meine Familie fände das Ganze genauso unterhaltsam wie ich. Dem war nicht so. Um ehrlich zu sein, schmunzle ich noch heute darüber. Man darf nicht alles allzu ernst nehmen.

Da ging es um ein paar Tropfen Urin, die ich täglich unkontrolliert verlor. Mehr war das für mich nicht und nach der Chemotherapie hatte sich das auch wieder erledigt.

Das Geburtstagsessen war vorbei. Ich versuchte, noch die letzten Tage der Pause mit meiner Frau und unserer Kleinen zu genießen. Ungefähr zu der Zeit wurde ich auf ein Lied aufmerksam, dass mich den Rest der Chemotherapie begleiten sollte und mir Kraft gab. Es ist von Julian le Play. *„Wir haben noch das ganze Leben"*. Für diejenigen, die das Lied nicht kennen, habe ich den Refrain herausgeschrieben:

*„Und ich weiß, dass du bleibst,*

*bis der Himmel mich dann ruft.*

*Und ich zeig dir, dass ich bleib*

*bis zum letzten Atemzug.*

*Ich bin noch nicht bereit,*

*noch ist da Zeit.*

*Will die Welt mit dir durchsegeln.*

*Und am Abend müde sagen:*

*Wir haben noch das ganze Leben."*

Lieber Julian, solltest Du jemals diese Worte hier lesen oder Dir jemand davon erzählen, dann gilt Dir großer Dank. Ich habe dieses Lied als Symbol, als Zeichen gewertet. Meiner Frau und mir gaben diese Zeilen viel Hoffnung und Kraft. Sie verbinden uns bis heute.

Zurück zum Thema. Ich habe jetzt endlich zwei Zyklen hinter mich gebracht. Ich habe keine

Körperbehaarung mehr.

Auch keine Nasenhaare. Die Wimpern werden weniger.

Aber ich bin motiviert. Es steht eine Zwischenuntersuchung, ein PET-CT an. Wir überprüfen in diesem Schritt, wie gut die Behandlung anschlägt. Das Ganze nennt sich „*Zwischen-Staging*".

Das PET-CT ist schnell erledigt. Mittlerweile habe ich mich an den Ablauf gewöhnt, es ist schließlich nichts Neues mehr. Der Befund ist einige Tage später auch da. Die ersten zwei Zyklen waren erfolgreich. Keine Thrombose mehr. Das Lymphom geht zurück. Wenig Aktivität sichtbar. Ein klarer Erfolg. Das ist eine Grundlage, auf der man leben kann. Immerhin zeigt es, dass wir auf dem richtigen Weg sind und mich dieser Krebs allem Anschein nach nicht so schnell umbringen wird, wie es sich vielleicht manche Beobachter gedacht haben. Ja, ich bin überzeugt, er wird mich gar nicht umbringen, denn dieses Ergebnis gibt mir die Bestätigung, dass meine Einstellung und die Therapie die richtige Antwort darauf sind.

## Dritter Zyklus – Umstellung
## Frühling 2015

Wir wechselten das Schema. ABVD hieß das neue. Das
war so vorgesehen. Schwächere Therapie. Schonender
für den Organismus. Nur alle zwei Wochen
Infusionen. Keine zusätzlichen Tabletten. Das Ganze
sollte mich weniger anfällig für Infektionen machen,
da das Immunsystem nicht so stark angegriffen wird
wie beim vorherigen Schema.

Es kam der Tag der Infusion. Ich war wohlauf. Ich
nahm alles gut hin. Die Übelkeitsbeschwerden
hielten sich in Grenzen und ich hatte die Lage
unter Kontrolle. Ich war in der Hoffnung, dass es so
bleiben würde. Nur wenige Tage später bekam ich
unheimliche Krämpfe. Ich muss zugeben, ich habe
wenig Nahrung zu mir genommen, war selten auf
die Toilette gegangen, für die üblichen Geschäfte
und dachte, die Krämpfe wären auf das Ausbleiben
des Stuhlganges zurückzuführen. Daran änderte sich
auch nichts. Ich versuchte, mir mit Zäpfchen und
Einläufen Abhilfe zu verschaffen. Das gelang zwar
insofern, als ich auf die Toilette musste, doch wenn
man zu wenig isst, wird auch kaum was aus dem
Körper herauskommen. Ich zog mich aufs Klo zurück

und konnte nichts außer Luft von mir geben. Und weil nichts kam, hörten die Krämpfe nicht auf, dachte ich. Ich war dem Wahnsinn nahe. Ich telefonierte an diesem Abend mit dem Ärztenotdienst. Der hätte mir zwar auch bereitwillig einen Arzt geschickt, gab mir aber die Empfehlung, mich ins Krankenhaus zu begeben. Schließlich hätte ich als Chemo-Patient auch besondere Bedürfnisse. Das ergab für mich Sinn. Daraufhin mitten in der Nacht den Großvater meiner Frau angerufen, mit der Bitte, mich abzuholen und mit mir ins Krankenhaus zu fahren. Dort eingelangt bekam ich dann schmerzstillende Infusionen, worauf es mir wieder besser ging. Zumindest soweit, dass ich heimfahren und in dieser Nacht Schlaf finden konnte.

Am nächsten Morgen meldeten sich die Krämpfe wieder zurück. Ich wand mich vor Schmerzen. Ich wollte schreien und den Schmerz aus meinem Körper hinausbrüllen. Ich glaube, das war mir auch anzumerken und es folgte die Wiederholung des vorherigen Ablaufs. Ich telefonierte und organisierte mir eine Fahrt ins Krankenhaus. Wahrscheinlich habe ich, auch wenn es schwierig ist, dafür den Nachweis zu führen, auf ein Mittel des neuen Schemas nicht gut angesprochen. Und das hat dann die Krämpfe ausgelöst. Meine Verdauung hatte nichts zu arbeiten, dieser Aspekt fiel also weg. Jetzt mussten wir uns um die Schmerzen kümmern. Ich bekam starke Opiate gespritzt und schlief am Nachmittag ein paar Stunden im Krankenhausbett. Für zu Hause bekam ich weitere Opiate und ein leichtes Schlafmittel. Zum einen eine weitere Spritze, die ich mir selbst verabreichen musste, zum anderen Tabletten. Damit rettete ich mich durch die Woche.

Mein Arzt machte beiläufig einen Witz, als er mir die Spritze auf den Weg mitgab.

*„Trauen Sie sich als Polizist denn, mit einer Spritze nach Hause zu fahren?"*

Ja, ja, ich getraute mich das. Es würde schon niemand etwas Falsches von mir annehmen. Schmunzeln musste ich auch ein wenig. Ich kann jedenfalls sagen, ich fühlte mich wie auf einem *„Trip"*. In einer eigenen Welt. Völlig berauscht. Positiv in jedem Fall, – und Schmerzen hatte ich in diesem Zustand keine mehr.

Ich führte ein Gespräch mit einem Freund namens Alfred. Wir standen mittels *„Facebook"* miteinander in Verbindung, da wir leider keine Zeit hatten, uns persönlich zu treffen. Er war eine wichtige Stütze für mich und wir waren Leidensgenossen. Wir machten zur gleichen Zeit eine Chemotherapie durch. Ich erzählte ihm, was es bei mir Neues gab und erkundigte mich nach ihm. Er klagte über Schlafstörungen. Die Behandlung lässt ihn wenig zur Ruhe kommen. Trotzdem war es für ihn wichtiger zu wissen, wie es mir ginge. Ich sprach über den Umstieg auf die eigentlich leichtere Version der Chemotherapie, dass ich sie nicht vertragen habe. Außerdem bekam ich zur Zeit keinen Bissen hinunter. Meine Schleimhäute waren beleidigt. Wie kann man sich das vorstellen?

Es fühlt sich an, als ob der ganze Mund brennen würde. Als wäre da eine Entzündung. Was klarerweise Schmerzen bereitet.

*„Das ist leider Standard bei einer Chemo. Der Geschmack geht verloren, oder die Schleimhäute werden angegriffen."*

Er erzählt mir, dass im Laufe seiner Behandlung keine Pausen vorgesehen wären, weil sein Tumor zu aggressiv sei. Jammert aber kein bisschen. Ein Wahnsinns-Kerl. Ein absolutes Vorbild.

*„Ich hoffe, du kannst dich gut mit den Nebenwirkungen arrangieren"*, schreibt er mir noch.

Trotzdem möchte ich mehr über ihn wissen. Ich erkundige mich nach seinem Schema und höre einfach zu. Es ist wichtig, jemanden zu haben, der einen versteht. Auch wenn ich eine günstigere Ausgangslage habe. Er erzählt weiter:

*„Ich kämpfe für die Statistik. Drei Monate haben sie mir vorhergesagt und ich habe bald meine Dreijahresfeier. Und genau so machen wir das. Durchhalten. Essen, essen, essen, wenn's geht. Erfreu dich an deinem Baby. Einfach das Leben genießen."*

Recht hat er. Ich lass mir mein Leben nicht nehmen. Ich lass mir mein Leben von der Krankheit sicher nicht vermiesen. Ich bin vielleicht in einer Sch...-Situation, aber es wird wieder bergauf gehen. Man muss daran glauben.

Wir haben noch etwas weiter geschrieben. Er gab mir noch ein paar Ratschläge für meine Schleimhäute. Salbeitee zum Mund-Spülen. Daktarin zu 2 Prozent, ein Gel zum Auftragen im Mund.

Viel und oft Zähneputzen mit einer weichen Zahnbürste.

Zahnpflege war wichtig. Während einer Chemotherapie können die Zähne stark an Substanz verlieren, das wusste ich bereits. Der Tee und die Salbe waren auf jeden Fall eine gute Empfehlung.

Als ich wieder bei meinem Arzt im Spital war, besprach ich die Angelegenheit mit meinen Schleimhäuten. Er verschrieb mir ein Gel. Ein ähnliches, wie das, das mir von meinem Freund empfohlen worden war. Das lernte ich bald auch sehr zu schätzen. Es betäubt nämlich die empfindlichen Stellen. Also Schmerzen im Mund Ade. Na ja, die Schmerzen waren leider das Einzige, das verschwand. Diese Entzündungen im Mund blieben mir, auch wenn ich sie nicht spürte. Das entwickelte sich deshalb zum Problem, da ich ein „Zungen-Piercing" hatte. Die Entzündungen zwangen mich schließlich dazu, mich davon zu trennen. Damals war das eine der besten Entscheidungen, auch wenn es mir ein wenig Leid tat. Aber die Zunge bereitete mir danach wieder ein bisschen weniger Probleme.

Nachdem das Thema durch war, ging es um die

weitere Vorgehensweise bei der Therapie. Wir wollten es nicht erneut riskieren, die Chemotherapie in dieser Weise fortzuführen und kehrten zum früheren Chemo-Schema zurück. Nur diesmal nicht mit dem Zusatz *„eskaliert".* Es hieß nun *„BEACOPP-Basis".*

Die Dosierung passten wir meinem Zustand, der auf die Krankheit bezogen deutlich verbessert war und auf mein neues Körpergewicht von knapp über 110 Kilo an. Zur Erinnerung: Ich habe bisher, während dieser Chemotherapie, knapp 20 Kilogramm wieder zugenommen. Ich hatte fast mein Anfangsgewicht, das ich vor der Diät hatte, erreicht. Was ein Zeichen dafür war, dass die Diät vermutlich wenig mit meinem Gewichtsverlust zu tun hatte. Ein klarer Rückschlag in Sachen Diäten.

Einige Tage vor dem neu angesetzten Start des dritten Zyklus kam ich wieder zur Kontrolle ins Spital. Das Blutbild passte und mein körperlicher Zustand hatte sich erneut verbessert. Ich war damit fit für die neue Runde. Um auch privat mit diesem Abschnitt abzuschließen, stand ein kurzer Urlaub bevor. Eine Reise nach Deutschland. Genauer gesagt, in die Nähe von Nürnberg. Meine Frau und ich haben dort Freunde und jetzt war ein guter Zeitpunkt gekommen, sie zu besuchen. In einer solchen Lage lernt man das Leben und die wichtigen Personen wirklich zu schätzen. Jetzt hieß es die Sachen zu packen und einen kurzen Ausflug mit der Familie nach Deutschland zu unternehmen. Ich muss gestehen, wir haben keinen außergewöhnlichen Urlaub gemacht. Vielmehr war es ein gemeinsames Entspannen. Keine übertrieben anstrengenden Ausflüge und keine Rundfahrt zu Sehenswürdigkeiten. Vielmehr ein gemütliches Beisammensein und der Genuss von gutem Essen. Die Qualität lag in der Auszeit und der Abstand zu Wien half beim Abschalten enorm. Ich wusste nach diesem kurzen Ausflug, dass ich dann, wenn ich am nächsten Montag wieder ins Krankenhaus zurückkehren würde, seelisch etwas mehr gestärkt und gefestigt wäre.

# Dritter Zyklus – Klappe: die zweite

Zwei Zyklen Chemotherapie erfolgreich, ein halber Zyklus abgebrochen, wir beginnen erneut und *„offiziell"* den dritten Zyklus. Altes Schema, 50-prozentige Dosierung im Vergleich zur Anfangstherapie.

Zwischenzeitlich habe ich einen Antrag auf Pflegegeld gestellt. Ich hatte schließlich finanziell etwas auszugleichen und ich fühlte mich auch durchaus pflegebedürftig. Wieso also nicht probieren? Der Antrag wurde durch die beste Freundin – die beste Freundin meiner Frau, also *„über eine Ecke"* – an die Pensionsversicherungsanstalt geschickt. Diese ist ja für die Überprüfung derartiger Anträge und die Auszahlungen zuständig. Bald schon teilte man mir einen Termin zwecks ärztlicher Untersuchung mit und zufälligerweise lag dieser ziemlich genau am Beginn des neuen, dritten Zyklus.

Ich erinnere mich noch genau daran, wie es ablief. Ein Arzt kam zu uns nach Hause. Meine Frau und ihre beste Freundin waren ebenfalls zugegen, immerhin hatte ich mehrere Personen benannt, die mich pflegen würden.

Welche Schwächen ich tatsächlich bereits durch die Chemotherapie hatte, kam mir erst an diesem Tag zu Bewusstsein. Mir wurde oft schwindlig, der Kreislauf war durch die Appetitlosigkeit und die verringerte Nahrungsaufnahme stark in Mitleidenschaft gezogen. Ich konnte daher fallweise nicht einmal alleine auf die Toilette gehen, da ich Angst hatte ohnmächtig zu werden. Kein Scherz! Ich war nicht imstande, original verschlossene Getränkeflaschen oder Marmeladegläser ohne Hilfe zu öffnen. Ich, der riesige, kräftige Kerl. Ein gestandener Mann. Ich brauchte Hilfe, um mir mein Frühstück zu machen, weil ich das Glas mit der Marmelade nicht öffnen konnte. Ich zeigte, wie ich mich anzog, welche Wege ich alleine unternahm und erläuterte, was alles für mich erledigt werde. Ich kochte nicht, machte keine Wäsche, beim Baden oder Duschen wurde mir geholfen. Einkäufe erledigten Familienmitglieder. Wenn man so darüber nachdenkt, - das war eine realitätsnahe Schilderung! –, war ich beinahe hilflos. Ein letzter Test des Arztes, dann war die Untersuchung vorüber. Ich sollte so kräftig ich konnte, seine Hand mit der meinigen zusammendrücken. Das tat ich. Ich gab mir Mühe, strengte mich an, in Gedanken hatte ich seinen Mittelhandknochen gebrochen. Er lächelte.

*„Meinen Sie das ernst? Ist das Ihr gesamtes Kraftaufkommen?"*

Ich war verwundert. Aber ja, das war es! Anscheinend war ich nicht annähernd so stark, wie ich dachte.

Und es gab einen weiteren Vermerk auf seiner vorgefertigten Liste.

Es verging einige Zeit, bis schließlich der Bescheid kam. Pflegestufe 1. Pflegeaufwand von 190 Stunden. Oder so ähnlich.

Ich habe es selbst nicht geglaubt, aber man muss zugeben, ich war zum großen Aufwand geworden.

Abgesehen vom Pflegegeld wurden mir und meiner kleinen Familie im gleichen Zeitraum weitere finanzielle Hilfen angeboten. Mein stellvertretender Wachzimmerkommandant war zugleich Personalvertreter der Gewerkschaft. Er wusste, dass ich hohe monatliche Ausgaben hatte, mit meiner Frau in Karenz und dem kürzlich dazu gekommenen Familienmitglied. Durch seinen persönlichen Einsatz kam es dazu, dass uns durch mehrere Vereine der Polizei und des Ministeriums Unterstützung zuteil wurde. Auch einzelne Kollegen griffen uns unter die Arme. Das Ausmaß der Hilfe war überwältigend. Sie reichte tatsächlich aus, so dass ich mir zumindest bis zum Ende der Therapie keine Sorgen über unsere finanzielle Situation und wie unsere Kosten gedeckt werden würden, machen musste. Nur dank dieser Hilfe, wurden wir vor hohen Schulden bewahrt und konnten uns zusätzlich unsere kleinen Auszeiten gönnen, die mit Sicherheit zur Genesung beitrugen. Manchmal hatte ich ein schlechtes Gewissen, das muss ich ehrlich zugeben. Ich dachte mir, da bekommen wir Hilfe und dann geben wir Geld dafür aus, dass wir irgendwohin fahren. Viele Kollegen nahmen mir aber zum Glück diese Last ab. Immer wieder wurde uns gesagt: *„Tut das, was euch gut tut. Und wenn es Wegfahren ist, dann macht das. Es hilft euch doch abzuschalten und dir hilft es, wieder gesund zu werden. Also denk nicht zu viel darüber nach!"*

Es war Ende März. Ich fand mich wieder beim polizeilichen Amtsarzt ein. Die Vorgeschichte war ihm bekannt. Ich war beim selben Amtsarzt wie zuletzt. Den Termin hatten wir schließlich genau so angesetzt, dass ich wieder bei ihm vorstellig werden würde. Der Amtsarzt klärte mich von neuem über die Risiken, die ich ohnehin kannte, auf und vermerkte in seinem Gutachten mein löbliches Verhalten und Vorhaben. Nach telefonischer Rücksprache mit dem Chefarzt wurde ich dienstfähig geschrieben. Ich war, – wenn es der Wahrheit entspricht, oder auch, wenn es nur zur Motivation gedacht war –, der erste Beamte, den dieser Arzt je zu Gesicht bekommen hatte, der während einer derartigen Behandlung arbeiten gehen wollte und auch dienstfähig geschrieben wurde. Das machte mich ein wenig stolz. Immerhin konnte ich so, wenn auch nur für eine Woche, ein wenig wieder den Alltag einkehren lassen.

Es war Anfang April und ich konnte es kaum erwarten, wieder in den Dienst zu gehen. Mein erster Arbeitstag nach vier Monaten zu Hause, drei davon im Krankenstand.

Noch am Abend davor tauschte ich mich mit meinem

Leidensgenossen darüber aus.

*„Tolle Einstellung! Es wird dir gut tun, wieder raus zu kommen. Es ist wichtig, dass man den Alltag wieder spürt. Toi, toi, toi!"*

Das waren seine Worte zu meinen Neuigkeiten. Ich hatte hart dafür gekämpft. Wegen meiner niedrigen Leukozytenanzahl musste ich lange auf diesen Tag warten. Nur dank der schwächeren Dosierung meiner Chemotherapie war es diesmal möglich. Im Dienstbetrieb wusste jeder der Kollegen Bescheid. Sollte es Probleme geben, würde ich nach Hause geschickt oder direkt ins Krankenhaus gebracht werden.

Geplant waren zwei oder drei Dienste in der Woche meiner Pause vom Zyklus. Ich vollzog schließlich nur einen Dienst. Ich hatte mir schlichtweg zu viel vorgenommen. Und fühlte mich mehr als zur Gänze erledigt. Ich war fast ausschließlich im Innendienst und kümmerte mich um die Parteien, die aufs Wachzimmer kamen und im Außendienst übernahm ich Verkehrsanhaltungen. Ich meldete mich zwar auch zu einem Einsatz bei einem Fall von Psychose über Funk als Unterstützung dazu, hielt mich am Ort aber im Hintergrund, da die anderen Kollegen ihre Amtshandlung im Griff hatten. So blieb ich lediglich zur Sicherheit in ihrer Nähe.

Nach diesem Tag war ich todmüde und ich wusste, ich würde während der Chemotherapie keinen weiteren Dienst versehen können. Was auch immer ein Unbeteiligter einwenden könnte: Mein Körper war einfach zu sehr mitgenommen und ich musste mich schonen.

Allmählich kam mir zu Bewusstsein, wie mein Körper in den Wochen, an denen er der Chemotherapie ausgesetzt war, in Mitleidenschaft gezogen worden war. Wehwehchen häuften sich. Zu den bisherigen Beschwerden trat nun auch immer öfter Sodbrennen hinzu.

Ich bekam zusätzlich regelmäßig ein Magenschutz-Präparat und verschaffte mir darüber hinaus mit Mittelchen aus der Apotheke, wie etwa *„Gaviscon"*, Abhilfe.

Das Wochenende stand bevor und das Ende des dritten Zyklus nahte. Auf den letzten Tag des Zyklus – wie gewohnt ein Sonntag – fiel unser erster Hochzeitstag. Aus diesem Anlass hatte ich mir etwas Besonderes ausgedacht. Ich buchte ein Wochenende in einem Hotel in Salzburg, Frühstück inklusive. Mittags und abends verköstigten wir uns entweder unterwegs oder im Hotel und so konnten wir ohne Einschränkungen die Stadt besichtigen.

Ich wusste, für mich war es wichtig, einen klaren

Kopf zu behalten, mir auch von Zeit zu Zeit eine Ablenkung zu gönnen. Außerdem wollte ich raus aus der großen Stadt. Je weiter weg, desto lieber war es mir. Der Abstand tat uns gut, um den Jubiläumstag besser genießen zu können. Je näher wir an Wien, am Krankenhaus waren, desto mehr mussten wir an die Therapie und die bevorstehenden harten Tage denken. So konnte ich meinen geistigen Zustand unter Kontrolle halten. Ich konnte in diesem Kurzurlaub mit der Familie neue Kraft schöpfen, um mich später weiter konzentriert meiner Heilung zu widmen. Mein Körper und mein Geist waren schließlich zusammenspielende Teile eines Ganzen. Je besser ich mich fühlte, je ausgeruhter ich war, desto besser vertrug ich die Therapie.

Das Wochenende verging leider viel zu schnell. Am Hochzeitstag selbst ließ ich es mir auch nicht nehmen, ein Glas Sekt zu trinken. Meine Ärzte und Krankenschwestern hatten mich zur Genüge über die Auswirkungen von Alkohol-Konsum während einer chemotherapeutischen Behandlung aufgeklärt. Mit Maß und Ziel war prinzipiell ein Bier oder ein Glas Sekt kein Problem. Solange es bei den geringen Mengen blieb. Bestenfalls hätte ich mich an Rotwein halten sollen. Der wäre die schonende Alternative gewesen. Auch hier galt aber, die Menge nicht zu übertreiben.

# Vierter Zyklus – Zweite Hälfte der Therapie

Ich habe drei vollständige Zyklen hinter mich gebracht. Die Hälfte ist geschafft. 11 Wochen Chemotherapie stehen in der Krankengeschichte. Mein Kopf ist in nachvollziehbarer Weise total beeinträchtigt, die Einstellung ist aber nach wie vor die gleiche. Ich lasse mich nicht unterkriegen.

Der Zyklus läuft ab wie gehabt. Ich habe die ersten drei Tage Infusionen, eine Infusion am 8. Tag, darüber hinaus 14 Tage Tabletten und Kapseln und schließlich eine Woche Pause als Abschluss und notwendige Abrundung des Zyklus. Schon vorher wurde mir gesagt, ich solle es vermeiden meine Infusionsbeutel der direkten Sonneneinstrahlung auszusetzen. Bei einigen Patienten kam es offensichtlich zu dem Problem, dass ihnen nach der Verabreichung in auffallender Weise stärker übel geworden war. Ich hatte mich, so gut ich konnte, an diese Empfehlung gehalten und das an der Fensterseite gelegene Bett vermieden. Doch einmal unterlief mir doch tatsächlich der Fehler, ein solches Bett am Fenster zu wählen. Der Infusionsbeutel wurde am Infusionshalter befestigt, den ich unmittelbar neben dem Fenster stehen hatte. Und tatsächlich, ich merkte einen Unterschied zu früheren Infusionen. Diesen Fehler behielt ich jedenfalls im Hinterkopf. Die letzten Wochen sollte mir eine solche Unachtsamkeit nicht noch einmal passieren. Um mich beim gesamten Vorgang zusätzlich zu unterstützen, bekam ich meine Infusionen auch relativ spät abgemischt. Erst wenn die spitalseigene Apotheke Bescheid wusste, dass ich mein Zimmer bezogen hatte, wurden die Medikamente geliefert. Hin und wieder musste ich etwas länger warten. Was tut man nicht alles für *„frische Ware"*?

Ich nahm nach wie vor einen Magenschutz gegen das Sodbrennen. Muss mit meinen Schleimhäuten kämpfen und betäube sie regelmäßig mit der Salbe meines Vertrauens. Auf andere Art wäre es mir oft nicht möglich, Nahrung zu mir zu nehmen, da die Schmerzen, dieses Brennen im Mund, unerträglich geworden sind. Als hätte ich noch zu wenige Probleme, tun sich nun neue Schwierigkeiten auf. Ich verschweige nichts! Harte Fakten kommen auf den Tisch! Die Chemotherapie greift meine Gelenke an. Ich spüre es vor allem während der Pausen. Ich habe kein Cortison, das den Schmerzen entgegen wirkt. Daher kommen Schmerzmittel zum Einsatz. Zunächst hatte ich die Schmerzen nur in den Kniegelenken. Es fiel mir schwer, mich zu bewegen. Eigentlich war es keine Erschwernis, aber durch die Schmerzen äußerst unangenehm. Aber an und für sich war das Bewegen des Gelenkes möglich. Kurze Zeit später waren auch die Handgelenke betroffen. Das gleiche Problem. Sie zu bewegen war absolut schmerzhaft. Dass der Zyklus bald wieder begann, erschien mir jetzt als Glück. Wer hätte gedacht, dass ich mich freuen würde?

Aber das Cortison, das jetzt zum Einsatz kam, war zugleich eine gute Therapie gegen die Schmerzen, was mir die Schmerzmittel ersparte und mich wieder beweglicher machte.

Von der Medikation her verlief der Zyklus absolut identisch mit dem dritten Zyklus. Dosierung und Schema blieben gleich. Würden auch bei den letzten zwei Zyklen voraussichtlich gleich bleiben.

Eine Belastung, die sich in dieser Zeit einstellte und die Situation in psychischer Hinsicht schrecklich schwer machen sollte, war die Gesundheit meiner Schwiegermutter. Sie litt bereits länger unter einem starken Husten und wurde wegen einer Lungenentzündung bei unserem Hausarzt behandelt. Derselbe Arzt, der mir eine *„zukünftige Grippe"* diagnostiziert hatte. Hier wäre aber anzumerken, er hat getan, was in seiner Macht stand und sich – so gut er konnte –um die Schwiegermama gekümmert. Leider war aber auf dem Röntgen nicht zu erkennen, was sich in der Lunge verborgen hatte. Die Lungenentzündung hatte das Bild verfälscht. Meine Schwiegermama landete schließlich im Spital, wo nach einigen Wochen Krebszellen gefunden wurden. Nie werde ich diese eine Woche vergessen! Ich befand mich in der zweiten Woche des Zyklus, als bei ihr Lungenkrebs diagnostiziert wurde. Am 21.4.2015 hatten wir es erfahren. Sie wollte uns schützen, weil sie wusste, wir hatten genug eigene Probleme. Daher konnten wir uns nicht auf das vorbereiten, was noch auf uns zukommen sollte. Meine Schwiegermutter hatte Krebs im Endstadium, mit Metastasen im ganzen Körper. Die Überlebenschancen standen schlecht. Weit schlechter als meine. Ich erkundigte mich bei Alfred, der ja schließlich auch tapfer gegen seine Metastasen ankämpfte, wie ich ihr helfen könnte. Obwohl Alfred zu dieser Zeit selbst einer schweren Anfechtung ausgesetzt war und eine Infektion ihn im Spital ans Bett fesselte, versuchte er mir zu helfen, wo und wie es auch ging. Aber Krebs ist nicht gleich Krebs. Er schilderte seinen Krankheitsverlauf und wie er die unterschiedlichsten Situationen bewältigte. Ich war dankbar. Schließlich blieb mir und meiner Frau nur die Hoffnung auf die Kunst der Ärzte. Diese Hoffnung wurde uns aber schon drei Tage später genommen. Am 24.4.2015, einem Freitag, verstarb meine Schwiegermama. Sie ist friedlich eingeschlafen. Ich hielt mit meinem Arzt darüber Rücksprache, ob ich die Blutuntersuchungen am darauf folgenden Montag auslassen könnte. Gemeinsam mit meiner Frau nahm ich die wichtigsten Aufgaben wahr und stellte meine eigenen Belange zurück. Ich wusste, ich war auf einem guten Weg und ich konnte meine Blutwerte auch einen Tag später überprüfen lassen. Dankbarkeit erfüllt mich, dass ich eine solche Frau an meiner Seite habe. Obwohl sie ihre Mutter, die zugleich ihre beste Freundin war, die Lebensspenderin der Familie, verloren hatte, besaß sie die Stärke, für mich da zu sein. Ich weiß, wie sehr sie litt und wie sie das vor mir zu verbergen suchte, um mir nicht noch eine zusätzliche Last aufzubürden. Die Geschehnisse bedrückten uns, aber dadurch, dass ich in die ruhigere, weniger beeinträchtigende Phase der Behandlung eintrat, hatte ich Körper und Geist wieder besser im Griff.

Die letzte Woche des Zyklus stand an. Pause, was die Medikamente betraf und Überprüfung der Blutwerte. Alles verlief in gewünschter Weise und ich war bereit, die letzten zwei Zyklen anzutreten. Es ging langsam, aber sicher in die entscheidende Phase.

Mittlerweile seit vielen Wochen in Behandlung, wird mir langsam bewusst, was sich im Freundes- und Familienkreis verändert hatte. Die einen verhielten sich mir gegenüber wie schon zuvor, die anderen wiederum wurden überfürsorglich und einige wenige ergriffen die Flucht. Unter den oberflächlichen Bekanntschaften fanden sich zum Großteil die Personen, die ihr Verhalten kaum merklich änderten. Man sprach über die Krankheit, wusste über die Konsequenzen Bescheid, aber machte letztlich nicht viel Aufhebens darum. Es mag sich seltsam anhören, aber gerade deshalb, weil dem Geschehen nicht eine alles beherrschende Bedeutung zugemessen wurde, fiel es mir am leichtesten, mit diesen Personen über die Situation zu reden. Denjenigen gegenüber, die ihrer Fürsorge einen zu deutlichen Ausdruck gaben, war ich tatsächlich bemüht, die Lage besser darzustellen, als sie der Wirklichkeit entsprach. Nicht zu viel preisgeben.

Bloß nicht riskieren, einen hilflosen Eindruck zu hinterlassen und schon gar nicht Sorgen bereiten! Die kleinste Gruppe bildeten die Personen, die es bevorzugten, mit mir keinen Kontakt zu haben. Im Nachhinein kann ich das nachvollziehen. Es handelte sich um zwei meiner engsten Freunde, die ich habe. Beide kannten ähnliche Situationen, meine Lage war für sie nicht unbekannt. Beide wollten dem Schmerz eines möglichen Verlustes aus dem Weg gehen. Je mehr Distanz, desto besser. Völlige Funkstille. Ich war gekränkt, denn ich erhofft mir verständlicherweise mentale Unterstützung. Aber wenn man mit der Lebensgeschichte dieser Menschen vertraut ist, darf man es ihnen nicht übel nehmen. Niemandem fällt es leicht, mit diesem Thema umzugehen. Das gilt gerade für diejenigen, die Angehörige oder Nahestehende durch eine Krebserkrankung verloren haben. Jeder weiß, dass gebrannte Kinder das Feuer fürchten. Man flieht vor der Angst, anstatt sich ihr zu stellen.

# Fünfter und sechster Zyklus – Ein Ende in Sicht

Die beiden letzten Zyklen fasse ich in dieser Schilderung zusammen, da ich die Geschehnisse nicht zur Gänze zeitlich einordnen kann und es letztlich auch keine Änderungen in der Medikamentation gab. Das Schema hatte sich bewährt und blieb gleich, die Dosierung wurde auch nicht verändert, da mein Körpergewicht sich nur mehr geringfügig verschob.

Im Zuge des fünften Zyklus traten aber neue Nebenwirkungen zu den bereits bestehenden hinzu. Mein Geruchsinn veränderte sich. Ich nahm einige Gerüche wesentlich stärker wahr. Betrat ich das Krankenhaus, nahm ich in der großen Halle den Geruch der Speisen besonders intensiv wahr. Auf der Station zeigten das Desinfektionsmittel oder die Medikamentenmischungen eine Wirkung auf mich, vermutlich gab der darin enthaltene Alkohol den Ausschlag. Zeitweise wurde mir aufgrund der Gerüche sogar äußerst übel. Ich musste mir dann mit in Duft-Öl getränkten Stofftüchern aushelfen, um die unangenehmen Gerüche zu überdecken. Diesen Ratschlag erhielt ich von den Krankenschwestern im Spital, da er sich bei mehreren Patienten bereits bewährt hatte. Wann immer ich im Spital war, um mir die Infusionen geben zu lassen, kam sogleich eine Krankenschwester mit einem duftenden Stofftuch herbei, um mir den Aufenthalt angenehmer zu gestalten. Man muss sich nur immer zu helfen wissen! Und wie pflegte mein Arzt zu sagen:

*„Eine Chemotherapie ist kein Wellness-Aufenthalt."*

Wo er Recht hat, hat er Recht.

Die letzten Wochen hindurch widmete ich mich vor allem meiner geistigen Einstellung. Ein Ende war in Sicht! Ich wollte die Motivation bis zum Schluss so hoch wie möglich halten. Wehwehchen sollten zwar nicht ignoriert werden, aber ich versuchte, mein Ziel im Vordergrund zu behalten und das war schließlich, gesund zu einem Abschluss zu gelangen. Zum veränderten Geruchsinn kam hinzu, dass ich psychisch nun auch mit Wahrnehmungsproblemen zu kämpfen hatte. Es gibt Flüssig-Seifen in einer knalligen roten Farbe, die einer meiner Infusionen farblich sehr nahe kommt. Für kurze Zeit hatten wir zu Hause einen Seifenspender mit genau solch einer Seife. Aber nicht für lange, denn beim Anblick wurde mir übel. Es war wie ein *„Flashback"*. Ich musste sofort an die Infusion denken. Ich hatte im selben Augenblick den Geruch der Krankenhaus-Station in der Nase. Die Seife wurde daraufhin sofort verbannt. Tatsächlich kommt es sogar heute noch vor, dass die Farbe der Seife ein derartiges Gefühl auslöst. Erschreckend.

Ähnlich erging es mir auch beim Essen. Das Mittagessen im Spital ließ ich mittlerweile ausfallen. Die Auswahl der Speisen wiederholte sich recht häufig, wodurch mir für längere Zeit Gerichte wie Champignonsauce und dann in weiterer Folge auch bloße Champignons zuwider wurden.

Gespräche mit meinem Leidensgenossen halfen mir dabei, den Brennpunkt nicht zu verlieren und mich nicht psychisch hinunterziehen zu lassen. Ich sprach mit Alfred über Motivation und Bücher zu diesem Thema, über eine Bücherliste, einen Wunschzettel. Eine Liste mit Unternehmungen, die man auf jeden Fall erleben, oder mit Plänen, die man verwirklichen möchte. Ich habe viel und oft darüber nachgedacht, was ich noch erreichen will. Was ich noch sehen will. Was ich erleben oder besitzen will. Wobei mir bei vielen Dingen der Besitz unwichtig geworden ist. Wichtiger waren mir Erlebnisse. Tatsächlich gibt es nur zwei Punkte, die konkret auf meiner Liste standen und nach wie vor der Verwirklichung harren. Ich will einmal mit dem Motorrad auf einer Rennstrecke fahren. Ein bisschen Risiko eingehen. Den zweiten Punkt, den habe ich mit dieser Niederschrift in

Angriff genommen. Schon seit längerem wollte ich ein Buch schreiben und – siehe da! – genau das setze ich um. Wenn man an kleinen und großen Träumen festhält, sich Ziele setzt, spendet man sich selbst Motivation. Man kann gar nicht aufgeben, bevor man gewisse Vorhaben nicht erledigt hat. Man will nichts unvollständig lassen.

Gegen Ende des fünften Zyklus, Mitte Mai, wollte ich nicht auf einen Kurzurlaub zur Regeneration verzichten. Meine Frau und ich nahmen regelmäßig am GTI-Treffen in Kärnten, direkt am Wörthersee, teil. Wir kannten bereits einige Leute, fanden auch immer eine Unterkunft.

Am Morgen war ich noch bei der Blutabnahme, Kontrolle und ein kurzes Gespräch mit meinem Arzt eingeschlossen. Liebevoll gab er mir zu verstehen, dass ich mittlerweile ein wunderschönes, rotes Vollmondgesicht hätte. Mein Cortison-Konsum war also für jedermann deutlich zu erkennen. Unmittelbar nach der Kontrolle und der Zustimmung meines Arztes zur Fahrt und der Versicherung, dass nach seiner Beurteilung alles in Ordnung sei, machten wir uns auf den Weg nach Kärnten. Wir waren wiederum in einem Gasthof untergebracht, den wir bereits kannten. Diesmal nahmen wir aber erstmals zu dritt am GTI-Treffen teil. Unser Interesse an Autos war immer schon vorhanden, aber verständlicherweise waren wir nicht allein wegen des Autotreffens in den Urlaub gefahren. Wir verbrachten einen Tag in

Italien, genauer gesagt in Jesolo. Das erste Mal am Meer mit meiner Kleinen! Wir hielten zwar nur die Zehenspitzen ins Wasser, – an dem einen Tag war es etwas kühl –, aber das Urlaubsgefühl genügte, um wieder besser gelaunt nach Österreich zu fahren.

Wie schon in Salzburg merkten wir: je weiter wir von Wien weg waren, je weniger wir an die Therapie und die Krankheit dachten, desto besser ging es uns. Davor zu flüchten ist ohnedies nicht möglich.

Wer mich kennt, sieht mir auch an, wie es mir geht. Weniger Gewicht als im Vorjahr, keine Haare, blasse Haut. Man wusste, dass ich krank war und nicht bloß einen Schnupfen hatte. Damit konnte ich aber mittlerweile gut umgehen. Auch mit den schockierten Blicken. *„Du bist ja doch noch so jung..."* Ja, ja, das bin ich. Aber auch ein niedriges Alter schützt nicht vor derartigen Krankheiten. Es gibt kein *„Leo"* – Anm.: *„Leo"* ist das österreichische *„Aus"* beim Fangen-Spielen – bis zum 30. Geburtstag oder über diesen hinaus. Dieser Gefahr ist man ständig ausgesetzt. Und sie ereilt dich oder geht an dir vorüber. Von einem auf den anderen Tag. Diese vier Tage Urlaub – Autos und Kulinarik, ohne die Last der Sorgen – vergingen wie im Flug. Rascher, als wir uns das vorgestellt hatten, waren sie vorüber und schon befanden wir uns wieder auf dem Heimweg nach Wien.

Zurück zur Therapie. Die Behandlung verlief größtenteils problemlos, auch die Blutwerte zeigten meist ein zufrieden stellendes Ergebnis. Aber ich war auch nicht gegen alles gefeit. Ich dachte, ich würde die restliche Zeit ohne größere Probleme hinter mich bringen, aber schließlich gelangte ich dann doch an einen Punkt, an dem ich mir Sorgen machen musste. Während des letzten Zyklus hatte sich mein Entzündungswert verschlechtert. Er war nicht derart hoch, dass man von einem schwerwiegenden Problem ausgehen musste, aber zumindest hoch genug, um auf eine bedenkliche Infektion hinzuweisen. Mein Arzt fragte mich, ob ich Fieber hätte. Ich verneinte. Er war beruhigt. Ich eigentlich nicht. Er verschrieb mir ein Antibiotikum. Erst bei Fieber müsse ich es einnehmen, wenn kein Fieber kommen würde, dann wäre es vermutlich gar keine Infektion. Jetzt war ich zum einen beruhigt, zum anderen ersehnte ich die nächste Blutabnahme, denn bis dahin hatte ich mit Fieber und daraus resultierenden Komplikationen gerechnet. Aber die Sorge war unbegründet. Die nächsten Tage verliefen ohne Fieber und die folgende Blutuntersuchung lieferte auch wieder einen Entzündungswert, der im Normalbereich lag. Die letzten Tage der Chemotherapie konnte ich so ohne weitere Probleme durchstehen. Was für ein Gefühl, wenn ein Ende in Sicht ist!

# Abschluss-Untersuchung (Staging) Sommer 2015

Ich habe nun sechs volle Zyklen und einen halben, untauglichen Versuch hinter mir. Ich habe mir eine private Statistik der letzten Wochen zusammengeschrieben, die ziemlich genau meinen Weg zusammenfasst.

Ich war einer von fünf Patienten, die mit der Diagnose *„Morbus Hodgkin"* im selben Zeitraum in meinem Krankenhaus behandelt wurden. Ich hatte insgesamt 138 Tage Chemotherapie. 25-mal bekam ich eine Infusionstherapie. Mehr als 20 Blutabnahmen fanden während der 18 Wochen statt. 452 Tabletten oder Kapseln habe ich im Zuge der Therapie geschluckt. Schmerzmittel oder Medikamente gegen Übelkeit sind hier nicht mitgezählt. Aufgrund der Thrombose, die sich eingestellt hatte, musste ich 120-mal einen Blutverdünner spritzen. Zwölf Spritzen bekam ich, um meine Leukozyten-Produktion anzuregen. Alles in allem war es kein einfacher Weg, aber ich hatte ein Ziel vor Augen und immer Unterstützung an meiner Seite.

Nach dieser Zeit war es endlich so weit. Ein letztes Mal nervös sein, dachte ich. Ein PET-MR stand an, das gemeinsam mit einem Blutbild die Erkenntnisse liefern sollte, ob der Krebs besiegt worden war. Ein letztes Mal Bilder ansehen, ob die Aktivität der bösartigen Tumore noch sichtbar wäre.

Ich konnte es kaum erwarten, hatte aber großen Respekt und auch ein wenig Angst vor diesen – so hoffte ich – letzten Untersuchungen.

Eine Woche musste ich warten, dann kam es zur Befundbesprechung. Das Blutbild passte. Die Entzündungswerte lagen im Normalbereich. Die Zahl der Leukozyten hatte noch nicht das Optimum erreicht, aber das Immunsystem war halbwegs in Ordnung. Der schriftliche Befund des PET-MR lag noch nicht vor, aber mein zuständiger Arzt konnte telefonisch in Erfahrung bringen, was ich hören sollte und in diesem Fall auch absolut hören wollte. Keine Aktivitäten mehr erkennbar, keine bösartigen Tumore sichtbar. Die Milz war zwar noch leicht vergrößert, aber sie würde noch längere Zeit benötigen, um ihren Normalzustand wieder zu erreichen. Klar war jedenfalls, ich konnte diesen Befund eindeutig als Sieg verbuchen: Ich habe zum jetzigen Zeitpunkt den Krebs besiegt! Eine unglaubliche Last fiel mir vom Herzen. Eine wahrhaft erlösende Nachricht war mir überbracht worden. An diesem freudigen Ereignis wollte ich alle Menschen teilhaben lassen. Die wichtigsten, meine Frau und meine Eltern, habe ich sofort angerufen. Der Rest meiner Freunde und nahen Bekannten durfte es mittels SMS oder sozialer Medien erfahren. Ich war gesund. Ich konnte mich wieder darauf konzentrieren, körperlich fit zu werden und ins normale Leben zurückzukehren.

Nachdem mich diese guten Nachrichten ereilt hatten, sagte ich den wichtigsten Personen um mich herum in schriftlicher Form Dank. Ich verspürte den Drang, dieses Gefühl, diese Dankbarkeit, in Worte auszudrücken. Jeder einzelne sollte wissen, welche Rolle er für mich gespielt hatte. Jeder sollte lesen, welche Rolle er bei der Entscheidung zwischen hoffnungslosem Leiden und zuversichtigem Kämpfen gespielt hatte.

Über allen anderen stand meine Frau. Die beste Frau, die ich mir an meiner Seite hätte wünschen können. Sie war rund um die Uhr für mich da. Wenn ich litt, streichelte sie mir den Rücken. Sie richtete mich auf und schenkte mir ihre ganze Liebe. Ich glaube, sie war in diesen Monaten der größte Rückhalt. Im gleichen Atemzug muss ich dann auch meine Tochter erwähnen. Einer der wichtigsten Gründe, zu kämpfen. Ein Kind sollte man nicht alleine lassen, wenn die Hoffnung besteht, lebend diesen Kampf zu beenden. Jedes Lächeln von ihr hat mich den Schmerz für kurze Zeit vergessen lassen. Man kann das nicht beschreiben, aber es ist eindeutig, dass die Psyche des Menschen einen übermächtigen Einfluss ausübt.

Meine Eltern haben ebenfalls ihren wichtigen Beitrag geleistet. Meine Mutter nur dem Anschein nach weniger als mein Vater. Ich weiß, sie wollte oft auch aktiv ein Teil dieses Kampfes sein, aber ich bin mir sicher, mein Papa war in dieser Rolle, als Begleitung und Stütze im Krankenhaus, die richtige Wahl.

Er litt unter der Situation. Das ist verständlich, wenn das eigene Kind krank ist. Aber er ließ mich das in den Stunden im Krankenhaus nie spüren. Meine Mutter hätte vermutlich ihren Gefühlen freien Lauf gelassen, was ich bei ihren Besuchen im Spital spüren konnte. Nichts desto trotz: Sie war genauso da und genauso eine Stütze.

Meine Schwiegermutter konnte leider nicht die ganze Zeit an unserer Seite durchstehen. In der Zeit, die sie mit uns verbrachte, gab sie alles. Sie half meiner Frau und mir bei unserer Tochter, im Haushalt, beim Kochen, gleich wann oder wo. Sie war da. Sie sagte sogar, wenn sie könne, würde sie mir mein Leid abnehmen. Auch wenn es nach menschlichem Ermessen verrückt erscheinen mag, manchmal glaube ich, sie hat das sogar getan. Vielleicht hat sie ihr Leben im Tausch gegen meines gestellt. Auf eine spirituelle Art und Weise. Ich vermisse sie und ihr freundliches Wesen.

Einen Menschen wie sie gibt es nur selten.

Ebenfalls aus der Familie meiner Frau waren auch ihre Großeltern eine Unterstützung. Wenn mein

Papa keine Zeit fand, übernahm mein Schwieger-Großvater den Krankenhaus-Dienst, Transport und Begleitung. Er hat ebenfalls diese gewisse Art. Der Nahestehende nimmt es wahr, er ist ihm nicht gleichgültig, aber er lässt es sich nicht anmerken, dass die Situation unangenehm oder traurig ist. Er zeigt Stärke, seine Anwesenheit ist zu spüren.

Ich weiß, ich bin in diesen Momenten keine Last. Ich habe es nie als selbstverständlich erachtet, so gut behandelt zu werden, aber er hat es so erscheinen lassen.

In den Reihen der Polizei wurde mir gezeigt, dass Freundschaft, Kameradschaft, Solidarität zum Einzelnen nicht bloß leere Worte sind. Die meisten meiner Kollegen aus dem Bezirk haben sich regelmäßig gemeldet. Ich wusste, ich konnte mich auf jeden von ihnen verlassen. Meine Kollegen, meine Freunde, meine zweite Familie, standen immer hinter mir. Keiner hat je daran gezweifelt, dass ich die Krankheit und die Behandlung überstehen würde.

Zu guter Letzt. Meine Motivations- und Informationsquelle schlechthin: mein Freund Alfred. Ich bin überzeugt, mein Sieg war auch zum Teil sein Sieg. Er leistete einen enormen Beitrag und hatte immer ein offenes Ohr für mich. Ich hatte gehofft, es würde ihm dafür ein gerechter Lohn zuteil werden und er könnte ebenfalls eines Tages von sich behaupten: *„Ich habe es geschafft! Ich bin gesund!"* Zu meinem tiefen Bedauern blieb ihm das verwehrt. Ein Wunsch wurde ihm jedoch erfüllt: Er musste nicht im Winter sterben. Heute noch werde ich traurig, wenn ich daran denke, was für einen großartigen Menschen wir mit ihm verloren haben. Ich gestehe ehrlich, seit seinem Begräbnis habe ich es nicht über mich gebracht, sein Grab zu besuchen. Zu groß ist meine Trauer.

Nachdem ich die wichtigsten Menschen und ihre Bedeutung für mich geschildert habe, darf ich sagen: Ich habe mir an diesem Tag ein neues Lebensmotto gewählt. Den Rest meines Lebens zu genießen. Mit meiner Familie und mit einer Sorge weniger.

# POST-CHEMO

Der schriftliche Befund wurde mir nach einiger Zeit übermittelt. Medizinisch wurde folgendes angemerkt:

*„Bild eines Therapieansprechens bei weiterer Regredienz"*.

Klingt das nicht wundervoll? Die Therapie hatte angesprochen. *„Regredienz"* bedeutet nichts anderes als Rückgang.

*„Keine neu aufgetretene Lymphom-Manifestation"*.

Nichts Neues, das dazu getreten wäre. Worte, die absolut glücklich machen. In schriftlicher Form bereitete mir der Befund nochmals ein Glücksgefühl. Ich hatte die Chemotherapie hinter mir. Ich hatte meinen schriftlichen Beweis, dass ich gesund sei. Balsam für die Seele.

Wichtig war jetzt, den Körper im Auge zu behalten. Innerhalb der ersten fünf Jahre nach der erstmaligen Erkrankung ist das Risiko, erneut Krebs zu bekommen, am höchsten. Noch einmal von derselben Art. Meist tritt das eher dann ein, wenn während der Therapie etwas übersehen wurde. Man könnte dies für eine böswillige Unterstellung halten, aber ich denke, dass es durchaus möglich ist, kleine Manifestationen zu übersehen. Ich war schließlich geprägt von Vorkommnissen, die sich in meinem Umfeld zugetragen hatten. Ich bin zu dem Schluss gekommen, dass die Therapie rundherum optimal verlaufen war. Absolut wünschenswert. Ich glaube inständig, dass ich nicht mehr an diesem Leiden erkranken werde. Zu meiner Frau sage ich oft, dass ich einen Vertrag mit Gott geschlossen habe: In meinen jungen Jahren leide ich, damit ich, frei von Sorgen, gemeinsam mit ihr alt werden kann.

Zunächst waren alle drei Monate Kontrollen vorgesehen. Diese wurden aber nicht mehr im Krankenhaus durchgeführt, sondern die Blutuntersuchungen wurden in Labors und die Computertomografien wurden in Röntgenzentren vorgenommen, je nach Überweisung des Krankenhauses. Bis zur ersten Kontrolle sollte also noch einige Zeit vergehen.

Mir stand eigentlich die Möglichkeit offen, für einige Wochen auf Kur oder zur Rehabilitation zu fahren. Zumindest drei Wochen. Der Professor meinte, er würde mich unterstützen, wenn das mein Wunsch wäre. Davon überzeugt sei er aber nicht. Seine Meinung dazu:

*„Wenn man ins normale Leben wieder einsteigt, arbeiten geht und auf sich schaut, dann ist das die beste Art, sich zu regenerieren und den Körper zu normalisieren."*

Also wieder normal ins Leben einsteigen. Dem stand kaum etwas im Wege. Mir war noch etwa ein Monat Schonfrist vergönnt, um die Rückstände der Chemotherapie aus dem Körper zu spülen. Die Gelenke schmerzten nach wie vor, aber nicht mehr annähernd so wie während der Therapie. Ich hatte einige Kreislaufprobleme, aber die bekam ich ebenfalls in den Griff. Hatte lediglich mit der Nahrungsaufnahme und dem Flüssigkeitshaushalt zu tun, nehme ich an. Beide waren ja nach wie vor etwas gestört. Nachdem ich mit dem Amtsarzt gesprochen und den polizeilichen Chefarzt aufgesucht hatte, wurde ich schließlich im Herbst 2015 wieder uneingeschränkt dienstfähig geschrieben. Im September durfte ich wieder meinen Dienst antreten. Ich hatte, wenn man von den zwei inzwischen geleisteten Diensten absieht, zehn Monate Arbeitsabstinenz hinter mir. Ein Monat Urlaub, neun Monate Krankenstand. Knapp sechs Monate Chemotherapie. Ehrlich gesagt, freute ich mich. Ich muss aber auch aufrichtig zugeben, ich hatte ein wenig Glück. Schließlich konnte ich die ersten Lebensmonate meines Kindes fast zur Gänze miterleben. Wäre ich zu der Zeit arbeiten gewesen, hätte ich bestimmt vieles verpasst. Das erste Mal umdrehen. Das erste Mal alleine sitzen. Das erste Mal von der Couch herunterrutschen und alleine stehen. Die ersten Schritte. Ich war dankbar. Dankbar, dass ich das sehen durfte.

Mein menschliches Umfeld hatte sich verändert und Beziehungen hatten sich teilweise wieder eingerenkt. Hier gab es einige Überraschungen, nachdem ich meinen Kampf überstanden hatte. Meine Frau und ich hatten wieder Verbindung zu denjenigen aufgenommen, die uns während der Therapie aus dem

Weg gegangen waren. Wir konnten unser Verhältnis klären und wenn ich mir unsere Beziehung zueinander heute ansehe, dann bin ich fast überzeugt, dass diese paar Wochen Funkstille unserer Freundschaft nicht geschadet haben. Wäre der Ausgang ein anderer gewesen, hätten sich die menschlichen Beziehungen wohl anders gestaltet. Ich bin überzeugt, dann hätte sich langsam ein schlechtes Gewissen eingeschlichen. Sicherlich hätte meine Frau niemandem Vorwürfe gemacht, aber ich denke, die Einsicht, dass es nicht richtig war, meine Frau mit der Belastung alleine zu lassen, hätte sich breit gemacht.

Interessanterweise sind einige der überfürsorglichen Menschen nicht mehr in mein Leben eingebunden. Offensichtlich war die Anteilnahme gerade in der Zeit, in der man Hilfe und Unterstützung gewähren konnte, am größten. Vielleicht konnte man das Bedürfnis stillen, im Gegensatz zu anderen durch Anwesenheit an Bedeutung zu gewinnen. In dem Augenblick, an dem Tag, an dem ich offiziell als gesund erklärt worden war, war das Interesse verschwunden. Als gäbe es keinerlei Berechtigung mehr dafür, in Verbindung zu bleiben. Ich bin auf keine Hilfe mehr angewiesen, daher sollte ich mir auch keinen Kontakt erwarten. Das mag jetzt hart klingen, aber so wirkt es auf mich. Ich danke jedem Einzelnen, der mir in dieser Zeit beigestanden hat. Im Nachhinein frage ich mich aber: War das Interesse echt? Wollten diese Menschen damals tatsächlich da sein? War das womöglich nur vorgespielt, um einen besseren Eindruck zu vermitteln? Ich weiß es nicht und ich bin mir sicher, ich werde es nie wissen.

Zwei Wochen nach der letzten Befundbesprechung nutzte ich die Zeit im Krankenstand, um die Zeit mit der Familie noch ausgiebig zu genießen. Kurzfristig hatten wir einen Urlaub in einem schönen Familienhotel in Kroatien gebucht. „All-Inclusive", wir wollten schließlich die Tage unbelastet verbringen und uns um nichts kümmern müssen. Geplant war eine Woche. Der erste richtige Urlaub im Ausland mit unserer Tochter. Der erste richtige Urlaub mit der Familie. Wir konnten ein wenig vergessen, was die letzten Monate unser Leben beeinflusst und beeinträchtigt hatte. Diese paar Tage am Meer waren pure Entspannung. Doch wir mussten vorzeitig abreisen, nachdem unsere Tochter sich verkühlt hatte, weil sie wahrscheinlich die Klimaanlage des Hotels nicht vertragen hatte. Da sich Fieber eingestellt hatte, wollten wir dann doch lieber wieder nach Hause. Aber dennoch, diese wenigen Tage Meeresluft und Familienurlaub, ohne Gedanken an Wien, waren genau das, was unsere Energiespeicher gerade gebraucht hatten. Eine Auszeit, um dann wieder voll und ganz einsatzbereit zu sein.

Im September 2015 nahm ich meine Arbeit wieder auf. Ich musste die Dienststelle wechseln und kam zur Bereitschaftseinheit. Das war so vorgesehen und diese Abwechslung stellte für mich kein Problem dar. Ich wurde gut in die Gruppe aufgenommen.

Einen der Kollegen kannte ich bereits von meinem vorherigen Wachzimmer. Wir waren schon öfter gemeinsam Streife gefahren. Ich lebte mich schnell ein, fand rasch ins Arbeitsleben zurück. Ich glaube, ich verhielt mich gut. Die letzten Monate hat man mir auf den ersten Blick bestimmt nicht angesehen. Oder auf den zweiten. Ich denke, einige der Kollegen waren sogar überrascht, als sie davon erfuhren. Manche wussten durch den vorangegangenen Spendenaufruf Bescheid. Ich ging mit der Krankheit und allem, was mit ihr zu tun hatte, immer offen um. Ich gestehe, hin und wieder kam ich mir wie ein Prominenter in den Reihen der Polizei vor.

*„Du bist doch der Kollege, oder?"*

Ja, der bin ich. Sprich den Satz ruhig weiter. Der Kollege, der Krebs hatte. Und jetzt bin ich wieder da. Besser denn je und ausgesprochen lebendig.

Neben dem Wiedereinstieg in das Arbeitsleben wollte ich mich auch von neuem meiner alten Leidenschaft, dem Sport, widmen. Ich kehrte daher zum Krafttraining zurück. Außerdem hatte ich vor der Schwangerschaft meiner Frau *„American Football"* für mich entdeckt, es aber aus Zeitmangel rasch wieder aufgegeben. Ich dachte mir, jetzt wäre die Möglichkeit da, neu anzufangen. Neu durchzustarten. Mit neuen Zielen. Wieso also nicht wiederum Football? Wieso nicht die höchste Spielklasse Österreichs? Bundesliga! Ich meldete mich zu einem Probetraining an, da ich durch einen Kollegen auf eine der Wiener

Mannschaften aufmerksam gemacht worden war. Schon damals hatte es mich gereizt, zu den „Danube Dragons", den „Donau-Drachen", zu gehören. Ich kam wohl ganz gut an und wurde schließlich in die Mannschaft aufgenommen. Während der „Off-Season", der Saisonpause und durch hartes Training am Feld und in der Kraftkammer nahm ich schließlich auch an Gewicht etwas zu.

Zwei Monate „normales" Leben hatte ich hinter mir. Es war November und die erste Nach-Kontrolle stand an. Ich war unglaublich nervös und beging einen großen Fehler, der mir erst wesentlich später zu Bewusstsein kam. Ich hatte meine Vergleichsbilder nicht mitgenommen. In solchen Fällen der Kontrolle ist es immer wichtig, die letzten Bilder zum Vergleich parat zu haben. Nur der Vergleich zählt. Ich habe keinen normalen körperlichen Status mehr. Würde mich ein Arzt im jetzigen Zustand sehen, sieht er Dinge, die für ihn nicht normal sind, aber für mich zur Normalität wurden.

Die Computertomographie war erledigt. Der Befund war ab dem nächsten Werktag abzuholen. Ich war sehr aufgeregt, als ich den Befund öffnete. Was da zu lesen war, ließ mich kurz zusammensacken. Vergrößerte Milz, vergrößerte Lymphknoten. Ich war geschockt. Ich dachte, es geht weiter, ich muss wieder kämpfen.

Aber als ich mich fünf Tage später bei meinem zuständigen Arzt im Krankenhaus einfand, konnte er mich beruhigen.

*„Sie haben zugenommen, nicht abgenommen. Das ist das erste Indiz dafür, dass es Ihnen gut geht. Bitte, glauben Sie nicht, Ihr Körper wird wieder wie vorher. Das wird er nicht mehr. So wie es ist, passt es. Es ist wichtig, die Bilder vergleichen zu lassen, ansonsten kommt genau so etwas heraus."*

Gleich danach brachte ich meine Vergleichsbilder ins Röntgenzentrum. Der dortige Arzt war so entgegenkommend, mir einen Vergleich zu erstellen. Siehe da: Der Befund wirkte wesentlich besser. *„Regredienz"* kam wieder vor. Rückgang. Sehr gut. Ich wäre schon zufrieden gewesen, wenn sich keine Veränderungen ergeben hätten. Der Rückgang war natürlich noch besser.

Die folgenden Kontrollen erbrachten Ergebnisse mit gleicher Tendenz. Immer wieder Regredienz oder ein unveränderter Befund. Nach wie vor vergrößerte Milz. Nicht so dramatisch zu sehen. Damit kann ich gut leben. Mittlerweile bin ich offiziell über zwei Jahre gesund und meine Kontrollen finden nur mehr einmal jährlich statt.

Man kann sagen, gesundheitlich läuft es gut. Beinahe. Denn es gibt auch langfristige Folgen, die ich nicht verheimlichen möchte. Mein Venenbild hat sich bereits während der Therapie verschlechtert und hat sich bedauerlicherweise nicht gebessert. Die Venen in den Armbeugen sind vernarbt und für eine Blutabnahme oder eine Infusion kaum zu gebrauchen. Krankenschwestern und Ärzten fällt es dadurch schwerer, eine passende Vene zu finden. Und für mich ist es bei weitem unangenehmer, fast schon schmerzhafter, wenn auf kleinere Venen ausgewichen werden muss. Denn diese sind zumeist derart empfindlich, dass sie platzen können, was zu einem Bluterguss führt.

Mein Immunsystem hat sich, was die Werte der weißen Blutkörperchen betrifft, zwar wieder erholt, aber ich bemerke, dass ich doch noch ziemlich anfällig für Infektionen bin, dass ich wesentlich leichter krank werde. Darüber hinaus benötige ich im Vergleich zu früher auch einige Tage länger, um mich beispielsweise von einer Verkühlung zu erholen. Das liegt aber hauptsächlich an den Schleimhäuten, die noch immer in Mitleidenschaft gezogen sind, an denen sich Krankheitserreger somit leichter festsetzen können.

Das Thema Unfruchtbarkeit habe ich lange gemieden. Ich wollte warten, bis der Körper sich regeneriert hatte. Den anstehenden Termin beim Urologen habe ich gewiss drei Monate hinausgezögert. Ich hatte schließlich keinerlei Beschwerden, es ging lediglich um die Abklärung einer Unfruchtbarkeit. Schließlich wollte ich dann doch Gewissheit. Besteht die Möglichkeit oder nicht? Könnten wir noch Kinder haben oder nicht? Auf natürlichem Wege ist hier gemeint. Ich begab mich zum Arzt. Kontrolluntersuchung und Spermiogramm. Der Verlauf der Kontrolle hinterließ einen guten Eindruck. Die hormonelle Lage war in Ordnung. Auch sonst kaum Auffälligkeiten. Ich hatte Sperma abgegeben und würde den Befund in einer Woche holen können. Diese Woche der Ungewissheit war voll der Anspannung. Es kam der Tag. Ich saß dem Arzt gegenüber.

*„Es tut mir leid.“*

Mehr hätte er eigentlich nicht mehr sagen müssen. Ich verstand.

*„Es sind derzeit keine lebenden Samenzellen vorhanden. Ich hoffe, ich kann Sie beruhigen, wenn ich Ihnen sage, dass sich das wieder ändern kann. Eine Produktion kann Jahre nach einer Chemotherapie wieder anfangen. Es könnte durchaus sein, dass sie wieder fruchtbar werden. Und falls Sie einen Kinderwunsch haben, gibt es schließlich noch andere Möglichkeiten. Sie haben eine gefrorene Reserve und man kann auch direkt aus dem Hoden etwas entnehmen, mit dem eine künstliche Befruchtung möglich wäre.“*

Ich hatte von vorneherein gewusst, es könnte sein, dass ich unfruchtbar werden würde. Ich weiß auch, dass künstliche Befruchtung in der heutigen Zeit durchaus keine Herausforderung mehr darstellt. Aber wenn man sich dann erkundigt, ist es zum einen relativ teuer und zum anderen ist es nicht gewiss, dass eine künstliche Befruchtung beim ersten Versuch auch erfolgreich verläuft. Ich habe aber nur fünf Versuche als Reserve.

Ich verließ mit dem Befund in der Hand die Ordination, begab mich zum Auto und nahm auf dem Fahrersitz Platz. Dort blieb ich einige Minuten lang sitzen. Ehrlich – ich hatte mit den Tränen zu kämpfen! Ich fühlte mich nicht mehr als Mann. Glaubt mir, es dauerte längere Zeit, bis ich erkannte, dass ich unter diesen Umständen nicht weniger männlich bin. Tatsächlich konnte ich mit dieser Nachricht schwerer umgehen als mit der Krebsdiagnose. Ich weiß nicht, wieso. Ich weiß nur, es hat mich in diesem Moment tatsächlich deprimiert.

Was das Leben aber auch mit sich bringt, man lernt damit umzugehen und die positiven Seiten daran hervor zu heben. Meine Frau und ich müssen uns nicht um die Verhütung Gedanken machen. Sie ist nicht gezwungen, die so genannte „Pille" oder Hormone in anderer Form zu sich zu nehmen, um einer Schwangerschaft vorzubeugen. Ich bin nicht gezwungen, ein Kondom zu verwenden. Es hat durchaus etwas Praktisches. Und wenn man drüber nachdenkt, soll es viele Männer geben, die sich Unfruchtbarkeit wünschen und eine Vasektomie durchführen lassen. Euch sei gesagt: Ich bin euch voraus...

# Zukunft

Wie sehen meine Zukunftspläne aus? Das weiß ich ehrlich gesagt noch nicht so genau. Meine Familie wird vermutlich weiterhin in der bisherigen Zusammensetzung bleiben. Zu dritt. Meine Frau und ich finden, es wäre ein Zeichen, dass eine natürliche Befruchtung nicht möglich ist. Sollten wir also dieses Zeichen ignorieren und den Aufwand einer künstlichen Befruchtung auf uns nehmen? Zum einen wäre das mit Kosten verbunden, zum anderen gibt es keine Gewissheit, dass es zum gewünschten Ergebnis führt. Sollte sich unsere Meinung ändern, können wir uns immer noch anders entscheiden. Zurzeit sind wir in dieser Weise glücklich. Die drei Musketiere, wie ich uns nenne. Einer für alle und alle für einen.

Beruflich fühle ich mich in meiner derzeitigen Position und auch in der Abteilung äußerst wohl. Möglicherweise schaffe ich den Sprung und mache einen DienstführendenKurs. Allerdings fällt mir derzeit das Lernen äußerst schwer. Oder vielleicht schenke ich meiner Laufbahn noch zu wenig Aufmerksamkeit, weil ich das Leben mehr genieße. Es kann sein, dass die Konzentration darunter leidet. Ein wenig Abwechslung wird ein Auslandseinsatz bringen. Ich habe mich freiwillig beworben. Was genau im Ausland auf mich zukommt, worauf ich mich da einlasse, weiß ich noch nicht. Eines ist sicher:

Das wird ein Gegensatz zum Alltag sein. Ich werde einige Wochen von meiner Familie getrennt sein, was mir bestimmt nicht leicht fallen wird. Aber ich werde Erfahrungen gewinnen, die mir vielleicht beruflich von Nutzen sein können.

Sportlich kommen einige Herausforderungen auf mich zu. Ich unterziehe mich wieder einmal einer Diät und versuche nach zwei Footballsaisonen meinen schweren Football-Spieler-Körper meinem alten Schönheitsideal anzunähern. Football selbst lässt sich aufgrund des Mangels an Freizeit leider nicht mehr in meinem Leben unterbringen. Ich verbringe die freie Zeit lieber mit meiner Familie. Es wäre unfair, mich einem Team zu verpflichten, es dann aber Woche für Woche hintanzustellen. Somit bleibe ich dem Sport nur mehr als Zuseher treu. Das aber auf jeden Fall.

# Schlusswort

Ich habe durch diese Krankheit viele Stunden im Krankenhaus verbracht. In dieser Zeit habe ich gelernt, dass es mit Sicherheit am wichtigsten ist, das ganze Leben hindurch eine positive Einstellung zu behalten. Natürlich gibt es Ereignisse, die man beim besten Willen nicht positiv betrachten kann oder will. Ich bin überzeugt, bei einer anderen ärztlichen Prognose, einer schlechteren Statistik, wären meine Gedanken nicht so optimistisch gewesen. Ich hatte aber Glück und vermochte aus der Situation zu jeder Zeit das Beste machen. Ich konnte mich in meinen Pausen auf meine Familie konzentrieren und nutzte die Tage, an denen ich körperlich dazu in der Lage war, für Unternehmungen und Reisen. Durch andere Menschen, die ich kennen gelernt hatte, erhielt ich einen neuen Zugang zum Leben und speziell zu meiner Situation. Nach einiger Zeit fand ich mich nicht nur mit der Krankheit ab, sondern war auch imstande, sie als eine Art „Ausgleich" anzunehmen. Ich habe eine Familie, eine Wohnung, einen Arbeitsplatz, war jung und körperlich fit. Ich hatte bessere Voraussetzungen, um die Krankheit und die Behandlung durchzustehen, als ein Mensch mit vielen Sorgen im privaten Bereich, der sich in einem höheren Alter befindet oder gar noch durch Gebrechen belastet ist. Ich habe viel erlebt. Und wäre es nicht gut ausgegangen, hätte ich auch diesen Ausgang akzeptiert.

Dann wäre es mir sogar lieber gewesen, dieses Schicksal trifft mich und nicht ein Kind, das noch ein ganzes Leben vor sich hat. Die richtige Art zu denken bewirkt den Unterschied. Davon bin ich überzeugt.

*Lobe den Herrn, meine Seele,*
*und vergiss nicht, was er dir Gutes getan hat;*
*der dir alle deine Sünde vergibt und heilet alle deine*
*Gebrechen,*
*der dein Leben vom Verderben erlöst,*
*der dich krönet mit Gnade und Barmherzigkeit,*
*der deinen Mund fröhlich macht*
*und du wieder jung wirst wie ein Adler.*

Psalm 103, 2-5